남학교
생활 상담소

남학교 생활 상담소

아들 키우는 학부모를 위한 27가지 성장 가이드

초 판 1쇄 2024년 11월 22일

지은이 장성민
펴낸이 류종렬

펴낸곳 미다스북스
본부장 임종익
편집장 이다경, 김가영
디자인 윤가희, 임인영
책임진행 이예나, 김요섭, 안채원, 김은진, 장민주

등록 2001년 3월 21일 제2001-000040호
주소 서울시 마포구 양화로 133 서교타워 711호
전화 02) 322-7802~3
팩스 02) 6007-1845
블로그 http://blog.naver.com/midasbooks
전자주소 midasbooks@hanmail.net
페이스북 https://www.facebook.com/midasbooks425
인스타그램 https://www.instagram.com/midasbooks

ⓒ 장성민, 미다스북스 2024, *Printed in Korea*.

ISBN 979-11-6910-921-5   03370

값 18,500원

미다스북스는 다음세대에게 필요한 지혜와 교양을 생각합니다.

아들 키우는 학부모를 위한 27가지 성장 가이드

남학교 생활 상담소

장성민 지음

미다스북스

어쩌다 보니 남학교에

저는 남중 남고 출신입니다. 1995년에 중학교 1학년이 되었는데 그 때 살던 집에서 가장 가까운 중학교에 가게 됐습니다. 사실 누나가 다 니던 남녀공학 중학교에 가고 싶다는 생각도 있었는데요. 초등학교 친구들이 여러 명 같은 학교로 가게 됐다는 것을 알고는 마음이 놓였 습니다. 그다음부터는 사실 아무 생각이 없었습니다. 꼭 여자 친구들 과 같이 생활하고 싶다는 마음도 없었고 남학교의 장단점 같은 것도 안중에 없었거든요. 그렇게 3년이 흘러 고등학교에 가게 되었습니다. 역시 아무 생각이 없는 상태였지만 대충 가고 싶은 학교는 있었습니 다. 제가 다닌 중학교와 같은 울타리 안에 있는 고등학교였습니다. 왜 가고 싶었냐면, 가까웠거든요. 걸어서 10분도 안 되는 거리였습니다. 3년 동안 매일같이 다녀서 익숙한 곳인데 굳이 낯선 곳으로 떠나고 싶지 않았습니다. 그 당시 서울에서는 고등학교 지원할 때 자신의 종교를 쓰는 칸이 있었는데요. 거기에 '불교'라고 써야 그 가까운 고등학교에 가고, '기독교'나 '무교'를 쓰면 버스로 30분 거리에 있는 머나먼 고등학교로 가게 된다는 소문이 돌았습니다. 소문을 듣고도 저는 별생각 없이 '무교'라고 썼던 것 같습니다. 결과는 머나먼 고등학교 당첨이었습니다. 한 3일 정도는 글자 그대로 눈앞이 캄캄했습니다. 너무 가기 싫었거든요. 그러다 제일 친한 친구 2명과 다른 몇몇 친구들도 같은 학교에 가게 됐다는 소식을 들었고 그나마 마음이 놓이기 시작했습니다. 입학하고 몇 달 적응하고 나니 그다음 3년은 역시 중학교 때처럼 아무 생각 없이 보냈습니다. 그리고 20여 년이 지난 지금, 저는 그 가기 싫었던 학교에서 10년 넘게 선생으로 일하고 있습니다. (지금은 당연히 너무나도 좋아합니다, 우리 학교!)

"너희들은 남학교 왜 왔니?"

오리엔테이션을 마친 신입생들에게 매년 물어봅니다. 남녀공학도 있는데 왜 하필 남학교에 오게 됐는지를요. 다양한 답변이 나옵니다. 사실 저도 오기 싫었다, 공학 가고 싶었는데 납치돼 왔다 등. 그러나 스스로 오고 싶어서 왔다, 남학교가 더 편하다는 반응도 많았습니다. 요즘은 오히려 남학교가 더 좋다는 반응이 대다수를 차지합니다. 저는 이런 작은 부분에서도 요즘 아이들은 확실히 다르다고 느꼈습니다. 자신이 좋아하는 것을 자신이 직접 선택하고 싶어 하는 경향이 강하구나 하는 생각이 들었습니다. 20세기에 태어난 어른 세대가 대부분 배정받았으니 어쩔 수 없이 중고등학교를 다니게 된 것과는 다른 느낌이었습니다. '내가 남학교를 선택했고 내가 선택한 것이니 당연히 좋다.'라는 것입니다. 중고등학생 때 저처럼 아무 생각 없이 사는 게 아니라 무언가 계획을 가지고 있는 것처럼 보입니다.

하지만 어른들이 보기에는 많은 남학생들이(중학생이든 고등학생이든) '아무 생각 없이' 사는 것처럼 보일 수도 있습니다. 특히 이성인 어머니의 경우는 더더욱 그렇게 느끼시는 것 같습니다. 제가 만난 어머님들은 분명한 목적을 가지고 아들을 남학교에 보낸 경우가 대다수였습니다. 이유는 여러 가지가 있을 수 있겠으나 가장 큰 이유는 성적과 진학이었습니다. 우리 아들이 남학교에 가야 보다 좋은 성적으로 좋은 대학에 진학하는 데 도움이 될 것이라고 기대하는 것입니다. 그렇게 명확한 목적의식을 가지고 아들들을 이끌어 주고 싶은데, 금방 남학교에 적응해 버린 이 아들들은 금세 '아무 생각 없이' 사는 녀석들처럼 보이는 것이지요. 어른들 눈에는 충분히 그렇게 보일 수 있습니다. 하지만 오래 학생들과 함께 생활하다 보니 학생들 입장에서는 억

울한 면도 많습니다. 서로 오해하게 되는 것이지요.

　저는 학생과 학부모, 특히 남학생과 어머님 사이에서 '계면활성제'와 같은 역할을 하고자 이 책을 썼습니다. 학생과 학부모는 세대가 다르고 성별이 달라 물과 기름처럼 섞이지 못하는 것 같습니다. 이 책이 계면활성제처럼 서로가 잘 어우러질 수 있게 하는 하나의 계기가 될 것입니다.

　이 책은 '공부', '교내 생활', '학교 환경', '행사', '성장'을 키워드로 한 다섯 개의 장으로 이루어져 있습니다. 각 장의 총 27개 꼭지는 '장성민 쌤의 보이는 남학교! – 요즘 남학교는 – 학부모 상담'의 세 부분으로 나누어져 있습니다. 요즘 우리 남학교와 남학생에 대한 다양한 고찰을 담아 놓았으니 찬찬히 읽어 보시기 바랍니다. 부디 이 책이 여러분에게 작게나마 도움이 되기를 원합니다.

차례

프롤로그 어쩌다 보니 남학교에   004

I. 우리 아들, 공부 잘할 수 있을까? : 공부

1. 국어 ◆ 수능 대박 나려면 삼국지를 읽게 하라   013
2. 지필평가 ◆ 남학교는 내신 등급 받기 쉬울까   022
3. 수행평가 ◆ 필기 노트 10장보다 독서감상문 1장!   030
4. 문과/이과 ◆ 의대 열풍과 이과 쏠림 현상   039
5. 재수/삼수/N수 ◆ 재수할 생각은 아예 하지 마라   047
6. 독서 ◆ 결국, 모든 답은 책 읽기에 있다   056

II. 엄마의 걱정보다 평화로운 : 교내 생활

1. 김영란법 ◆ 선생님께는 커피 한 잔도 안 된다   069
2. 학교 폭력 ◆ 사건은 선생님이 없는 곳에서 벌어진다   075
3. 체벌 ◆ 때려서 훈육하지 않는다   087
4. 흡연 ◆ 요즘 아이들은 담배 많이 안 피운다   093
5. 두발 자유화 ◆ 중고등학생이 염색, 파마? 해도 된다   100

III. 요즘 학교, 많이 좋아졌다 : 학교 환경

1. 학급 환경 ◆ 남학교 교실에는 ○○이 없다   109
2. 종교 ◆ 미션스쿨에 불교인 학생도 있다   117
3. 출석 ◆ 질병 결석 며칠은 점수 안 깎인다   123
4. 급식 ◆ 학교 밥이 맛없다고 하는 이유   130
5. 자기주도학습 ◆ 이름만 바뀐 야자   137

IV. 고등학생들도 손꼽아 기다리는 : 행사

1. 입학식 ◆ 일 년의 시작은 3월 2일   147
2. 동아리 ◆ 진로와 관련 없어도 괜찮다   153
3. 체육대회 ◆ 남자들은 축구에 목숨을 건다   162
4. 수학여행 ◆ 아이들이 원하는 곳으로 간다   169
5. 졸업식 ◆ 교문 앞에 경찰차가 와 있는 날   177

V. 함께하는 시간, 모두 자라고 있다 : 성장

1. 키 ◆ 우리 아들 빼고 다 커 보이지만   187
2. 친구 관계 ◆ 그럼 난 누구랑 놀아?   196
3. 패션 ◆ 아이폰과 에어 조던, 그리고 소속감   203
4. 자해 ◆ 절대, 자살하지 마라   211
5. 놀이 ◆ 즐거운 삶의 시작   221
6. 군대 ◆ 여자들이 제일 싫어하는 이야기   229

※ 가정통신문   236
– 2024학년도 1학기 1, 2, 3학년 학생과 학부모 사이 소통방법 안내

I.

우리 아들,
공부 잘할 수 있을까?

공부

1. 국어 ◆ 수능 대박 나려면 삼국지를 읽게 하라

2. 지필평가 ◆ 남학교는 내신 등급 받기 쉬울까

3. 수행평가 ◆ 필기 노트 10장보다 독서감상문 1장!

4. 문과/이과 ◆ 의대 열풍과 이과 쏠림 현상

5. 재수/삼수/N수 ◆ 재수할 생각은 아예 하지 마라

6. 독서 ◆ 결국, 모든 답은 책 읽기에 있다

1.

수능 대박 나려면 삼국지를 읽게 하라

국어

라이벌 대전

학교 설명회가 끝난 후 교실에 장성민쌤과 학부모들이 모여 이야기를 나누고 있다.

어머님, 아버님들. 요즘 우리 반 아이들이 갑자기 소설책 같은 책 들고 다니는 거 보셨나요? 네, 제가 시킨 거 맞습니다. 고등학생이 왜 소설책을 읽는지 의아해하신 분들이 있으실 것 같은데요. 제가 잠깐 저의 고등학교 때 이야기를 한번 들려드리고 싶은데, 괜찮을까요? 허락해 주셔서 감사합니다. 그럼 제 고등학교 때 '라이벌 대전' 썰을 한 번 들려드릴게요.

제가 고등학교 2학년 때 친한 친구가 한 명 있었는데요. 여러 분야에서 저랑 라이벌이었습니다. 물론 저만 그렇게 생각했을 수도 있습니다. 일단 몸무게부터 비슷했는데 조금만 살쪄 보이면 서로 놀렸어요.

"너 곧 있으면 몸무게 가마 단위로 재야 되겠다?"

한 가마가 몇 킬로그램인지 아시지요? 그땐 제가 80킬로그램 훌쩍 넘었어요. 그때 친구랑 같이 오락실도 거의 매일 갔는데요. 가면 항상 〈킹 오브 파이터즈〉라는 대전액션게임을 많이 했거든요. 그런데 워낙 실력이 비슷해서 할 때마다 결과가 달랐습니다.

어느 날, 쉬는 시간에 제가 이 친구 옆을 지나가는데, 친구가 무슨 책을 읽고 있더라구요. 스윽 봤더니 무협지였습니다. 무협지 뭔지 잘 아시지요? 아버님들 특히 잘 아실 것 같은데요. 맞습니다. 소설 『영웅문』처럼 정파(正派) 사파(邪派) 나오고, 내공(內功) 나오고 그런 책들 있었잖아요. 그런데 생각해 보니까 전에도 이 친구가 다른 무협지 읽는 걸 본 적이 있었거든요. 그래서 제가 물어봤습니다.

"이런 거 몇 권이나 읽었어?"

그랬더니

"한 500권?"

이러더라구요. 우와, 500권이라니. 말이 500권이지, 그걸 언제 다 읽었을까요. 제가 라이벌이라고는 했지만 이것만큼은 경쟁하고 싶지가 않더라구요.

그러다가 저희가 3학년이 되고 수능을 봤습니다. 2001년 수능이었는데 역대급 물수능으로 유명했는데요. 전과목 만점자가 수십 명 나왔었습니다. 정말 쉬웠던 거지요. 어쨌든 제가 그때 120점 만점에 114점 받았는데요. 라이벌 친구가 와서 물어 보더라구요, 몇 점 받았냐고. 그래서 제가 얘기했지요.

"나 세 개 틀렸나 봐. 114점인데?"

"114점? 성민이 언어 못하네. 나 116인데."

제가 졌더라구요. 충격이 컸어요. 명색이 그래도 내가 국어 선생 될 사람인데 국어 점수에서 졌잖아요? 어쨌거나 라이벌 대전의 마지막이 수능이었는데, 결국은 패배하게 된, 그런 가슴 아픈 그런 사연이었는데요.

제가 이 썰을 왜 들려 드렸냐면요. 국어 점수 잘 나오려면, 다 필요 없고, 무협지 500권 읽어야 되겠더라구요. 농담입니다. 꼭 그렇지는 않더라도 어쨌든 책을 많이 읽는 게 중요하다는 건 다 알고 계시잖아요. 그래서 자투리 시간 이용해서 책 읽도록 지도하는 중입니다. 그래서 다들 소설책이랑 다른 책들 들고 다니는 거예요. 이제 이해가 되셨지요?

언어 영역? 국어 영역!

<수학능력시험 시간 및 영역별 배점·문항 수>

교시	시험 영역	시험 시간 (소요시간)	배점	문항 수	비고
		수험생 입실 완료 - 08:10까지			
1	국어	08:40 ~ 10:00 (80분)	100	45	
		휴식 - 10:00 ~ 10:20 (20분)			
2	수학	10:30 ~ 12:10 (100분)	100	30	• 단답형 30% 포함
		중식 - 12:10 ~ 13:00 (50분)			
3	영어	13:10 ~ 14:20 (70분)	100	45	• 듣기평가 문항 17개 포함 - 13:10부터 25분 이내
		휴식 - 14:20 ~ 14:40 (20분)			
4	한국사/탐구 (사회 · 과학 · 직업)	14:50 ~ 16:37 (107분)			
	한국사	14:50 ~ 15:20 (30분)	50	20	• 필수 영역
	한국사 영역 문 · 답지 회수 탐구영역 문 · 답지 배부	15:20 ~ 15:35 (15분)			• 문 · 답지 회수 및 배부 시간 15분 (탐구 영역 미선택자 대기실 이동)

탐구 (사회 · 과학 · 직업) 시험: 2과목 선택	15:35 ~ 16:05 (30분)	50	20	• 선택과목 응시 순서는 응 시원서에 명기된 탐구 영
시험 본 과목 문제지 회수	16:05 ~ 16:07 (2분)			역별 과목의 순서에 따라 야 함. • 문제지 회수시간은 과목
탐구(사회 · 과학 · 직업) 시험: 1~2과목 선택	16:07 ~ 16:37 (30분)	50	20	당 2분.
휴식 - 16:37 ~ 16:55(18분)				
5	제2외국어/한문	17:05 ~ 17:45 (40분)	50	30	듣기평가는 실시하지 않음

현재 대학수학능력시험, 줄여서 수능은 이전과 많은 점이 달라졌습니다. 국어 영역의 경우, 일단 명칭이 이전 '언어 영역'에서 현재 '국어 영역'으로 바뀌었습니다. 총점은 이전 120점에서 현재 100점으로 바뀌었습니다. 문항 수는 45문항이며 시험 시간은 총 80분입니다. 1번부터 5번까지 출제되던 듣기 평가 또한 사라졌습니다.

화작? 언매? 문법 잘하면 언매, 그렇지 않으면 화작!

영역 \ 구분	문항 수	출제 범위(선택 과목)
국 어	45	• 공통과목: 독서, 문학 • 선택과목(택1): 화법과 작문, 언어와 매체 • 공통 75%, 선택 25% 내외

2023학년도 수능부터 1번부터 34번까지 공통 과목으로 문학, 독서(비문학) 분야의 문제를 풀어야 합니다. 이 말은 문학과 독서가 국어 영역에서 75% 내외를 차지하며 문항 수는 조절될 수 있다는 것입니다. 나머지 25%는 선택 과목으로 '화법과 작문(줄여서 화작)', '언어와 매체(줄여서 언매)' 중 하나를 선택할 수 있습니다.

학부모 세대의 수능에서 6번부터 15번 내에 출제되었던 말하기, 쓰기 관련 문제들이 주로 이 '화법과 작문' 문제들이었습니다. 듣기와 마찬가지로 앞 번호에 나오는 문제들이었던 만큼 난이도는 쉬운 편이었습니다. '언어와 매체'는 매체라는 말 때문에 받아들이는 느낌이 다를 수 있지만 주로 문법 문제들이 많이 나옵니다. 국어의 문법은 전공자들도 열심히 머리를 굴려야 답이 나올 만큼 시간도 오래 걸리고 어려운 편입니다. 다시 말해 '화법과 작문'은 대체로 쉬운 편, '언어와 매체'는 대체로 어려운 편입니다. 상위권 대학교로 진학을 원하는 학생들의 경우 대개 언어와 매체를 선택합니다. 문법을 너무 어렵게 느끼는 학생들은 화법과 작문을 선택하는 경우가 많습니다.

Q: 아들이 국어 공부를 정말 열심히 하는데 성적이 너무 안 나옵니다. 아이에게 좀 알려주려고 하는데, 선생님은 국어 공부 어떻게 하셨어요?

A: 저는 어릴 때부터 『삼국지』나 『개미』 같은 두꺼운 책을 여러 번 읽었던 게 도움이 많이 됐던 것 같습니다. 두꺼운 문제집 한 권을 매일 조금씩 풀기도 했구요. 책 많이 읽고, 문제집 많이 풀고. 뻔하지만 가장 확실한 방법이에요.

　수능은 여전히 중요합니다. 국어 역시 국영수 제일 앞자리를 차지하는 주요 과목이구요. 우리 지역의 학생들은 점점 학원을 많이 다니는데 요즘은 영어, 수학만큼이나 국어 학원도 많이 다닙니다. 그만큼 국어에 대한 노력을 많이 기울이고 있는 것 같아요.

　그러나 안타깝게도 우리 학생들의 국어 실력은 제가 보았을 때 그리 뛰어난 편은 아닙니다. 꼭 우리 지역 학생들만의 문제는 아니고 이 세대의 공통점인 것 같습니다. 교과서에 나오는 단어의 뜻을 모르는 경우가 정말 많아요. 그래서 수업 시간에 표준국어대사전을 모니터에 띄워놓고 수업을 진행합니다. 요즘 '문해력'이라는 말이 많이 나오는데 그 문해력이 많이 뒤처지는 것을 실감합니다. 무협지를 500권 읽은 친구가 높은 수능 점수를 받고, 10권짜리 대하소설 『삼국지』를 스무 번 이상 읽은 제가 국어 선생을 하고 있다는 사실은 이 문해력과 상관관계가 높다고 보아야 할 것 같습니다.

예전에 방영했던 드라마 〈공부의 신〉에서는 국어 선생님이 꼴찌 학생들에게 야한 소설을 읽게 하는 장면이 나옵니다. 다소 극단적인 방법이지요. 앞으로는 남학생들의 흥미를 불러일으킬 만한 웹소설 등을 읽게 하려는 시도가 더욱 늘어날 것입니다. 전자책의 형태로라도 많이 읽으면 자연스럽게 문해력을 끌어올릴 수 있거든요. 어머님께서는 아들을 키우는 데 도움이 될 지식과 지혜를 얻으려고 이 책을 읽고 계시잖아요. 우리 아이들도 자신에게 즐거움을 줄 만한 혹은 직접적으로 도움이 될 만한 책을 고르고 읽어야 합니다. 학생이니까 자기 수준에 맞는 문제집도 매일 풀면 성적 올리는 데도 도움이 되구요. 네, 단순하고 뻔한 답이긴 합니다. 하지만 그걸 실천하느냐 안 하느냐의 차이는 큽니다.

어느 시기가 됐든 늦었다고 생각하지 말고 일단 시작하길 독려하기 바랍니다. 꾸준히 하다 보면 막혀 있던 케첩이 확 쏟아져 나오듯이 한 번에 성적이 확 오르는 때가 올 겁니다. 그렇게 한 번 성적이 오르고 나면 그 후부터는 예전으로 돌아가지 않습니다. 국어와 같은 언어 교과는 한 번 감을 잡는 데 시간이 오래 걸리거든요. 대신 어느 정도 잡히고 난 이후에는 다른 과목만큼 많은 시간을 투자하지 않아도 된다는 장점이 있습니다. 그때까지는 시간 쪼개서 책 읽고, 매일 문제 푸는 습관을 만들 수 있도록 도와주십시오.

장성민쌤의 TIP

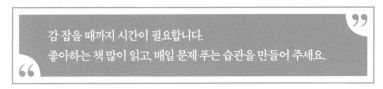

감 잡을 때까지 시간이 필요합니다.
좋아하는 책 많이 읽고, 매일 문제 푸는 습관을 만들어 주세요.

장성민쌤의 응원 메시지

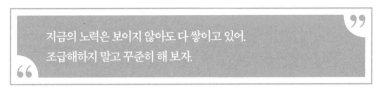

지금의 노력은 보이지 않아도 다 쌓이고 있어.
조급해하지 말고 꾸준히 해 보자.

2.

남학교는 내신 등급 받기 쉬울까

지필평가

서답형 오답 유형

학교 설명회가 끝난 후 교실에 장성민쌤과 학부모들이 모여 이야기를 나누고 있다. 그러다가 남고 아이들이라 시험에서 서답형 많이 틀리지 않냐는 이야기가 나왔다. 장성민쌤이 이야기를 하나 들려주었다.

몇 년 전에 있었던 일인데요. 같은 국어과 선생님 중 한 분이 저한테 오시더니 그러시더라구요.

"선생님, 얘는 선생님께 사랑을 고백했는데요?"

무슨 말이지 했는데, 서답형 답안지를 보여주셨어요. 1차 채점하려고 먼저 서답형 답안지를 가져가셨었거든요. 거기 보니까 답란에

'장성민 선생님, 사랑합니다.'

라고 써 있더라구요. 남학생이 남자 선생님한테 하는 말로는 흔치 않은 말이지요. 저도 그냥 피식 웃었습니다. 점수 확인할 때도 서로 그냥 웃고 넘어가고 말았지요.

우리 아이들, 정말 서답형 답 대충 씁니다. 선생님들이 시험 문제 내고 나서 '문제 너무 쉬워서 다 만점 받으면 어떡하지?' 하고 걱정할 때가 가끔 있는데요. 그럴 걱정 전혀 안 해도 될 만큼 많이 틀려요. 채점하다 보면 이 아이가 전혀 답을 몰랐구나 싶은 게 보이는데요. 정답을 모를 때 갖가지 방식으로 처리한 오답을 마주하게 됩니다. 그 유형이 몇 가지로 정리가 돼요. 다음과 같은 다섯 가지인데요.

첫 번째는 백지형입니다. 가장 흔한 유형이구요. 많은 아이들이 정답을 모르겠다 싶으면 한 글자도 쓰지 않거나 몇 글자 썼다가도 모조리 지워서 빈 칸을 만듭니다. 사실 채점하는 교사 입장에서는 편합니다. 그래도 교육상 권장할 수는 없는 일이지요. 점수 확인할 때 불러서 잘 모르더라도 아는 만큼, 기억나는 만큼이라도 쓰라고 당부합니다.

두 번째는 자백형입니다. '기말고사 포기했어요…….', '여기서 나올 줄 몰랐어요. ㅠㅠ' 뭐 이렇게 쓰는 거지요. 뭐라도 쓰긴 썼습니다. 성적과 관계없이 심성이 착한 아이들이 주로 이렇게 쓰더라구요. 아이

의 상황에 맞게, 어떤 방식으로 어떻게 더 노력해야 된다고 말해주는 편입니다.

세 번째는 독백형입니다. '집에 가고 싶다.', '농구하고 싶다.' 이런 식으로 쓰는 건데요. 주로 자아가 강하고 성적에 연연하지 않는 아이들이 이렇게 쓰는 경우가 있습니다. 사실 학교에 나와서 자리를 지키고 끝까지 시험을 보는 것만으로도 대견한 경우가 많아서 오히려 칭찬해 주게 되더라구요. 그래도 집에 안 가고, 농구하러 안 가고 시험 본 거 잘했다구요.

네 번째는 아부형입니다. '선생님, 잘생겼어요.', '국어 수업 재밌어요.' 이런 식으로 써 놓습니다. 고등학생보다는 중학생 가르칠 때 많이 본 유형인데요. 주로 수업 잘 듣고 모나지 않은 아이들 중에서, 시험공부를 많이 안 하고 오면 이렇게들 쓰는 것 같더라구요. 듣기 좋은 말이지만 '(잘생긴 거) 알아.', '국어 재밌다니 좋네.' 하면서도 시험공부는 더 해야 된다고 독려합니다.

다섯 번째는 개그형입니다. 주로 언어유희를 활용해서 유머러스한 답을 쓰는 유형인데요. '오비이락(까마귀 날자 배 떨어진다)', '여도지 죄(먹다 남은 복숭아의 죄)' 등의 사자성어에 등장하는 과일을 모두 쓰라고 했더니 '파인애플, 망고, 바나나'라고 써 놨던 게 가장 기억에 남습니다. 쾌활하고 개그 욕심이 매우 많은 아이일 가능성이 크더라구요. 공부에 대한 독려보다는 그 답이 어느 정도 재미있었는지 피드백

해 주는 것이 효과적이었습니다.

　그런데 제가 이런 말씀을 왜 드리냐면요. 이 모든 유형은 결국, 오답 처리됩니다. 쉽게 말해 틀린 것이지요. 제가 근무하는 학교에서는 2차에 걸쳐서 두 명 이상의 교사가 채점하는데 해당 번호에 대각선을 교차로 그어 결국 X표를 치게 됩니다. 이 X표를 보는 것이, 틀리는 것이 기쁠 학생이 어디 있을까요. 결국 가장 기분 나쁜 것은 학생 본인이거든요. 티를 내거나 안 내거나, 조금 내거나 많이 내거나 정도의 차이만 있을 뿐입니다.

　어느 책에서 봤는지는 잘 기억나지 않지만 이런 말이 있다고 하더라구요. '스트라이크를 던지고 싶지 않은 투수는 없다.' 아이들도 마찬가지인 것 같아요. 시험 점수 못 받고 싶은 아이는 없습니다. 그 마음을, 학부모님들께서도 최대한 알아주시고 이해해 주려고 노력해 주셨으면 좋겠습니다.

지필 평가 = 중간, 기말고사!

흔히들 알고 있는 중간, 기말고사가 곧 지필 평가입니다. 한 학기에 2번 실시됩니다. 학교마다 차이는 있지만 주로 1학기 때는 5월과 8월, 2학기 때는 9, 10월과 12월에 치러집니다.

내신 등급에서 차지하는 비중이 가장 크다

내신 등급(=교과 등급)은 이 지필 평가가 비중이 가장 큽니다. 올해 제가 근무하는 학교 국어과의 경우 지필 평가가 100점 만점 중 60점을 차지합니다. 영어, 수학, 사회, 과학 등 많은 교과들도 비슷한 비중을 가지고 있습니다. 음악, 미술, 체육, 제2외국어 등의 교과에서는 이전에 실기라고 불렀던 수행평가 비중이 다른 교과에 비해 더 높기 때문에 지필평가 비중은 상대적으로 낮은 편입니다.

객관식 = 선택형, 주관식 = 서답형

이전의 객관식, 주관식은 현재 선택형, 서답형(서술형+단답형)으로 명칭이 바뀌었습니다. 하지만 현장에서는 여전히 객관식, 주관식이라고도 부릅니다.

거의 대부분 교과에서 선택형 문제가 더 많고 점수 비중도 더 높습니다. 올해 제가 근무하는 학교 국어과의 경우 60점 만점에 선택형 50점, 서답형 10점입니다. 선택형이 20문제 이상인데 비해 서답형은 10문제 이하로 출제되었습니다. 문제당 점수는 작년까지는 서답형이 더 컸습니다. 올해는 수행평가의 비중이 더 올라가서 상대적으로 서답형 점수가 선택형보다 낮아졌습니다. 선택형 문제는 경우에 따라 부분 점수가 부여되기도 합니다.

수시 모집에서의 비중이 절대적이다

지역마다 차이는 있지만, 많은 일반고에서 수시 모집 합격자가 정시 모집 합격자보다 더 많이 나옵니다. 정시 합격 비율이 계속해서 늘어나고는 있지만 여전히 수시 합격 비율이 높은 것이 현실입니다. 그러다 보니 당연히 수시 위주로 대입을 준비하게 되고 내신 등급이 몇 등급이냐에 따라 어떤 대학에 갈 수 있느냐가 달라집니다. 가령 내신 1점대의 학생들이 서성한(서강대, 성균관대, 한양대)에 합격했다면 2점대의 학생들은 이 학교들에 합격하는 비율이 훨씬 적어지거나 아예 합격하지 못하기도 합니다. 학생에 따라서 내신 등급이 낮더라도 실제 실력은 더 좋을 수도 있고, 생기부의 비교과 내용이 더 우수할 수도 있고, 수능 모의고사를 더 잘 볼 수도 있습니다. 그러나 실제 합격하는 양상을 살펴보았을 때 대학 합격에 기준이 되는 성적은 바로 교과 내신 등급이라 해도 지나친 말이 아닐 것입니다.

Q: 아들이 중학생이 되었는데 1학년 때 시험을 안 본다고 하는 것 같습니다. 친구 아들은 중1 때 시험 한 번 봤다고 하는 것 같던데 학교마다 다른 건가요?

A: 자유학기제 운영의 차이입니다. 아드님 학교는 두 학기, 그러니까 1년 동안 자유학기제를 운영하는 것(자유학년제)입니다. 친구 아드님 학교는 한 학기만 운영하는 것(자유학기제)이겠네요.

자유학기제에 대해 들어보셨나요? '중학교에서 한 학기 또는 두 학기 동안 지식 경쟁 중심에서 벗어나 학생 참여형 수업을 실시하고 학생의 소질과 적성을 키울 수 있는 다양한 체험 활동을 중심으로 교육 과정을 운영하는 제도'라고 설명되어 있습니다. 제가 중학교에서 1학년 담임으로 근무할 때 자유학기제가 도입되었는데요. 그때 학년부장 선생님께서 하신 말씀이 기억나네요.

"자유학기제 이거는 오래 가겠네. 애들이 좋아하니까 말이야."

지식 경쟁 중심에서 벗어난다는 이야기는 지필평가를 보지 않는다는 뜻입니다. 대신 다양한 체험 활동을 많이 하니 제가 학생이라도 좋아할 것 같습니다.

자유학기제가 끝나면 바로 지필평가가 시작됩니다. 피해갈 수도 없는, 힘든 경쟁의 시작이지요. 이걸 통해서 1등급부터 9등급 사이 자신의 등급이 매겨지구요. 여러 사람들 사이에서 자신의 위치가 정해지고 그것을 받아들이는 일, 이게 생각보다 어려운 일입니다. 이 어려운 과정을 버텨나가고 있는 우리 아이들에게 부모님의 많은 격려가 필요합니다. 열심히 공부해도 그보다 더 잘하는 아이들이 많다면 어쩔 수가 없는 것 같습니다. 더 보완할 점이 있다면 함께 노력해 보고 그 과정을 칭찬하고 격려해 주는 부모님이 되어주시기를 바랍니다.

장성민쌤의 TIP

> 아들의 위치가 1등급과 9등급 사이에서 결정됩니다.
> 아이가 노력한 점을 칭찬하고 격려해 주세요.

장성민쌤의 응원 메시지

> 내신 중요하지만, 생각처럼 안 된다고 좌절하지 말자.
> 보이지 않을 뿐, 분명히 길은 있어.

3.

필기 노트 10장보다 독서감상문 1장!

수행평가

장성민쌤의 보이는 남학교!

이런들 어떠하며 저런들 어떠하리

우리 학교 교지와 문예부 문집. 정성스럽게 만든 한 권의 책이다.

작년 학교 설명회가 끝나고 장성민쌤과 학부모들이 교실에 모였다. 장성민쌤이 책상에 놓인 자료들에 대해 설명했다.

어머님, 아버님 책상 앞에 놓인 책 중에 하나는 우리 학교 교지인데요. 거기 낯익은 이름들이 있을 겁니다. 40쪽 한 번 열어보시겠어요?

제가 수행평가로 시조 쓰기를 냈었는데요. 정해진 형식은 지키되 주제는 자유였습니다. 처음에는 저도 조금 걱정이 됐었어요. 아이들이 스마트폰에만 길들여져 있어서 시를 제대로 쓸까 했었거든요. 뜬구름 잡듯이 허상 가득한 세계만 등장하는 건 아닐까 해서요.

하지만 아니더라구요. 남자애들이 이렇게까지 시를 잘 쓸 줄이야. 아이들은 자기 주변에서 글감을 찾고, 자연스럽게 시상을 잘 풀어냈습니다. 웃기기도 하고 공감되는 부분도 많았습니다. 그냥 평가로만 끝내 버리기에는 아쉬워서요. 제가 교지 담당 선생님께 우수작들을 교지에 실어 달라고 부탁드렸습니다. 덕분에 다음의 작품들이 실리게 되었습니다.

게임을 삭제하여 공부를 하려 하니
유튜브 페이스북 낮잠이 방해하네
저녁에 밥을 먹고 누워서 다시 자네
- 권○○

열심히 공부하면 모든 게 잘될 거다

오늘도 책상 앞에 하루가 저무는데

이대로 살다 보면 정말로 행복할까

- 정○○

평범한 고등학생들의 가장 큰 고민은 아무래도 공부랑 성적이잖아요. 열심히 하고 싶지만 유혹하는 것들도 많고 이런저런 걱정도 많다는 게 시에 잘 드러나고 있지요.

화이자 접종 후에 부작용이 몇 건인데

왜 이렇게 화이자를 맞으라고 안달인가

오늘은 몇 건이나 부작용이 속출할까

- 김○○

바이러스 유행하고 집 밖에 못 나가니

입가에 천 쪼가리 가슴이 답답하다

우리가 합심하여 위기를 극복하리

- 이○○

이건 몇 년 전 선배들 작품인데 코로나 시대를 반영한 시입니다. '백신 패스' 때문에 맞긴 해야 하지만 부작용도 걱정되고, 다들 마스크를 쓰고 있어 친구들 얼굴도 잘 모르는 답답함도 드러나 있었습니다.

컴퓨터 망가지고 세 달 동안 못 고치니
게임을 못하여서 몸에 사리 끼었도다
켜질 리 만무하나 전원 버튼 눌러본다
- 전○○

지겨운 숨바꼭질 내 역할은 술래이다
찾다 보면 안 보이고 신경 끄면 나타난다
모기야 오늘 밤은 힘이 드니 그만하자
- 이○○

연애를 하려 하니 여자는 어디 가고
옷 입고 꾸며봐도 학교에는 남자들뿐
머리나 빡빡 밀고 남고에 뼈 묻으리
- 김○○

게임이 너무 하고 싶다거나 모기와 씨름하기도 하고, 남학교임을 자조하며 웃음을 유발하는 이런 유쾌하게 웃음을 유발하는 작품들도 있었습니다.

그리스도
구멍이 뚫려버린 손발을 바라보라
그대의 서슬 퍼런 죄악을 대신하여
죄인의 십자가가 끝없이 꿈틀댄다
- 김○○

쌍두사 감겨 있는 지팡이 굳게 쥐고
망자를 살려내던 신화 속 명의처럼
당신의 그림자를 걷어내 없애리라
- 김○○

이 시들은 시어 선택이 고등학생 수준을 뛰어넘는 것 같지요? 이런
예술성 높은 작품들도 있었는데요. 저도 점수 매기는 것도 잊고 감탄
먼저 나왔던 기억이 나네요.

같은 시조를 배웠는데 이렇게 다른 시들이 나옵니다. 아이들이 참
서로 다 다르구나. 이렇게 각자의 개성을 가진 아이들이 학교라는 공
간에서 만나서 한데 어우러져 살아가고 있구나. 그런 생각을 했습니
다. 어머님, 아버님 보시기에는 어떠신가요? 아름답지 않나요?

요즘 남학교는

과목당 대개 1~2회 실시, 난이도는 제각각!

대부분의 과목에서 한 학기 한두 차례의 수행평가를 봅니다. 수행평가는 과정 중심 평가입니다. 그래서 결석 등으로 시험을 보지 못한 경우에도 다시 기회를 받을 수 있습니다.

과정 중심 평가라는 말은 수업 내용을 충실하게 따라오고 있는지를 평가하겠다는 말입니다. 등급을 나누는 것이 목표가 아니기 때문에 난이도는 높지 않은 편입니다. 그러나 고등학교의 경우 중간, 기말 고사에서 등급이 제대로 나누어지지 않았을 때 난이도가 올라갈 수 있습니다.

남학교의 수행평가 난이도가 더 낮다

우리 학생들에게 물어보면 남학교가 좋은 이유 중 하나로 수행평가가 수월하다는 점을 꼽습니다. 아이들은 여학생들이 수행평가를 더 잘 본다고 말합니다. 상대적으로 여학생들이 좀 더 꼼꼼하고 세밀하기 때문입니다. 실제로 남학교에서는 세밀함이 필요한 평가, 예를 들면 여러 장짜리 필기 노트 제출과 같은 평가보다는 한 장짜리 독서감상문과 같이 단순한 평가가 더 많이 시행되는 경향이 있습니다. 이러한 점은 남자 중학생이 자신이 진학할 고등학교를 정할 때 고려하는 요인 중의 하나가 되기도 합니다.

학부모 상담

Q: 고등학생인 아들 수행평가 점수가 이상합니다. 아이도 열심히 했고 잘 봤다고 했는데 생각보다 점수가 낮아요. 채점이 잘못된 거 아닐까요?

A: 드물지만 채점이 잘못된 경우도 있을 수 있습니다. 하지만 먼저 해당 과목 수행평가의 평가 기준부터 살펴보는 것이 좋습니다.

학교에서 시험 점수가 나오면 만족하는 학생보다 불만족하는 학생이 압도적으로 많습니다. 높은 점수를 기대했다가 실망하는 거죠. 학생들은 자기 점수를 스스로 후하게 주는 경향이 있거든요. 아주 드물게 채점이 잘못된 경우도 있을 수 있습니다. 선생님도 사람이다 보니 실수할 수 있거든요. 이 점수가 진짜 점수가 맞는 건지 아니면 선생님이 실수하신 건지 확인할 수 있는 방법이 있습니다.

먼저 '학교교육계획서'를 찾아보십시오. 제목대로 학교의 교육 계획이 담겨 있는 한 권 분량의 책입니다. 대부분의 학교에서 학년 초인 5월 이전에 가정에 배부합니다. 대개들 꼼꼼하게 들여다보지는 않는 편이죠. 분명 집 안 어딘가에 있을 테지만 만약 책을 분실한 경우에는 아드님한테 학교에 있는 여분 한 권 더 받아오라고 해도 됩니다. 어쨌든 이 책에는 모든 학년, 모든 과목 수행평가의 '평가 기준'이 실려 있습니다. 이 평가 기준에 따라 수행평가에 대한 채점이 이루어집니다. 자기가 시험 본 내용은 학생 본인이 기억하고 있을 테니 기준에 맞춰 다시 한번 채점해 보길 바랍니다. 아마도 대다수는 자기 점수를 너무 높게 매겼을 텐데 평가 기준에 따라 더 깎이는 부분이 발견될 수 있습니다.

그럼에도 불구하고 점수가 예상보다 더 낮다고 여겨지면 담당 선생님께 확인을 요청할 수 있습니다. 단, 두 가지를 유의해야 합니다. 첫 번째로 유의할 것은 '이의 신청 기간'입니다. 수행평가는 수시로 볼 수 있는 평가이기 때문에 학기 중에 점수가 발표되면 이상을 감지하는 즉시 점수 확인을 요청할 수 있습니다. 하지만 중간, 기말고사가 끝나고 수행평가 점수도 함께 발표된 것이라면 지필평가 종료 후 2~3일간이 이의 신청 기간이 됩니다. 반드시 이 이의 신청 기간 안에 점수 및 답안 확인을 요청해야 합니다.

두 번째로 유의할 것은 '서명'입니다. 남학생들은 시험 전에는 열심히 공부하다가도 일단 시험이 끝나면 자기 점수 확인하는 것도 귀찮아합니다. 대충대충 자기 점수가 맞는지 아닌지도 제대로 안 보고 이미 서명부터 하고 있는 경우가 허다합니다. 이 서명은 자기 점수를 스스로 확인했다는 표시를 남기는 것입니다. 문제가 있다고 여기면 충분히 확인하는 것이 먼저고 서명은 그 후에 해도 됩니다. 서명을 마친 이후에 성적 처리가 이루어지고 일련의 과정들이 진행되어 버리면 점수 수정이 매우 어렵고 복잡해집니다.

2023년에 발생한 교권 관련 여러 문제들로 인하여 올해부터는 학부모와 교사가 직접 전화 통화를 하는 일은 많이 줄어들었습니다. 그래서 학교에서 안내하는 소통 창구를 파악해야 합니다. 학교별로 이알리미, 클래스팅과 같은 어플을 이용하기도 하고, 선생님의 교내 유선 전화번호를 알려주는 곳도 있습니다. 이러한 소통 창구를 확인하시고 정해진 절차만 잘 따라주신다면 다소 껄끄럽게 느껴질 수 있는 과정들도 원만하게 잘 넘기고 문제를 해결할 수 있을 것입니다.

장성민쌤의 TIP

> 자기 점수 확인 제대로 하고 서명해야 합니다.
> 그전에 과목별 평가 날짜와 채점 기준부터 잘 챙기도록 지도하세요.

장성민쌤의 응원 메시지

> 수행을 잘하는 건 성실하다는 거야.
> 조금 못했어도 다음에 잘하자. 그렇게 배우는 거야!

4.

의대 열풍과 이과 쏠림 현상

문과/이과

대기 인파의 정체

민혁 어머니가 상담을 위해 학교에 방문하여 상담실에서 장성민쌤과 마주 앉았다.

민혁 엄마: 선생님, 어제 복도에 애들 줄 서서 대기하고 있던 거 보셨어요? 민혁이가 궁금해 하더라구요.

장성민쌤: 그거요? 동아리 면접 대기 줄이었답니다.

민혁 엄마: 어머, 무슨 동아리가 그렇게 인기가 많대요?

장성민쌤: 생명과학 동아리입니다. 원래 인기 동아리이긴 했어도

이 정도까지는 아니었는데요. 그 동아리 졸업생이 올해 의대 합격했다고 홍보를 잘해서 그런 것 같더라구요.

민혁 엄마: 그렇구나, 이제 이해가 됐어요. 의대생 배출한 동아리는 확실히 좋아 보이네요. 홍보를 잘한 것 같은데요? 요즘은 정말 의대 인기가 최고인가 보네요. 저희 때는 그 정도까지는 아니었던 것 같은데.

장성민쌤: 맞습니다. 옛날에는 무조건 서울대가 최고였던 것 같은데요. 사실 옛날 아니고 불과 몇 년 전까지도 그랬거든요. 전교 1, 2등이 서울대 붙으면 당연히 서울대 가는 거였는데 요즘은 의대 붙으면 의대로 가더라구요. 시대마다 인기 있는 과가 다 다르긴 했는데 요즘은 그게 절대적으로 의예과인가 봅니다. 그런데 민혁이네 문예부도 지원 마감한 것 같던데, 1학년 몇 명 지원했다고 하나요?

민혁 엄마: 선생님, 지원자 민혁이 하나밖에 없대요!

장성민쌤: 아, 이런……. 어머님, 그래도 올해는 조금 민혁이가 외로울 수 있지만, 문예부 선배 아이들이 진짜 친절해요. 엄청 잘해줄 거구요. 내년에는 민혁이가 2학년 기장 확정이네요.

민혁 엄마: 아유, 참. 저도 아쉽긴 하지만 그래도 선생님께서 좋게 말씀해 주시니 마음이 조금 놓이네요. 감사해요.

요즘 남학교는

일반고, 특목고, 특성화고, 자율고

중학교에서는 그렇지 않지만 고등학교에서는 학생들이 진로에 따라 문과와 이과로 구분됩니다. 보통 우리나라의 고등학교는 일반고등학교(일반계 고등학교), 특수목적고등학교, 특성화고등학교, 자율고등학교로 구분됩니다. 종합고등학교는 일반고등학교와 특성화고등학교가 함께 있는 학교를 말합니다. 이중 특수목적고등학교는 과학고등학교와 외국어고등학교, 국제고등학교, 예술고등학교, 체육고등학교, 마이스터고등학교가 있습니다.

문과=인문계, 이과=자연계

공식 명칭은 인문계와 자연계이나 현장에서는 편하게 문과, 이과로 더 많이 부릅니다. 이공계는 자연과학(이학)과 산업 응용과학(공학)을 묶어 부르는 개념이나 이과의 다른 말처럼 쓰이고 있다고 보면 됩니다. 위의 분류에서 과학고는 이과, 외국어고는 문과 중심입니다. 이를 제외한 일반고와 특성화고, 자율고 등은 학교 내에 문과와 이과 학생들이 섞여 있습니다.

요즘에는 예전처럼 고등학교 2학년 때 학급을 문과반, 이과반으로 나누지 않습니다. 2학년부터는 선택과목에 따라 학급이 구분되며 같은 반 안에서 문과 지망 학생, 이과 지망 학생이 함께 생활합니다. 공식적으로 고등학교에서 문과반, 이과반의 구분은 사라졌다고 보면 됩니다. 그러나 우리나라의 많은 고등학생들이 졸업 후 대학 진학을 목표로 하고 있는 것이 현실입니다. 이러한 현실에서 대학교 학과들의 문이과 구분이 사라진 것이 아니기 때문에 학생들은 어찌 됐든 희망하는 진로에 따라 문과나 이과 중 한쪽을 택할 수밖에 없습니다.

의대 열풍은 거세고, 이과 쏠림 현상은 여전하다

의대 열풍이 거셉니다. 올해 발표된 의대 정원 증가는 더욱 이 열풍을 강하게 만들었습니다. 그 여파로 올해 제가 근무하는 학교에서도 재수생 수능 원서 접수가 대폭 늘어났습니다. 근래 듣지 못한 최고 수준의 인원입니다. 순수 재수생뿐만 아니라 이미 대학을 다니고 있는 재수생, 즉 반수생의 수도 꽤나 많습니다.

더불어서 이과 쏠림 현상도 지속되고 있습니다. 이과 쪽으로 가려는 학생들이 점점 늘어나고 있는 것입니다. 올해 제가 수업을 들어가는 반 학생들만 보더라도 고1 학생들의 이과 지원자가 문과 지원자보다 50% 가량 많습니다. 이 과정에서 이전과 다른 분위기가 감지되고 있습니다. 이전에는 학생들 상담을 해 보면 수학, 과학 성적이 좋지 않은 학생들이 자연스레 문과 쪽으로 가는 경우가 많았습니다. 그러나 올해에는 수학, 과학 성적이 좋지 않아도 이과를 택하는 학생들이 많아졌습니다. 의대를 비롯해서 취업이 잘 되는 학과로 인식되는 IT계열(컴퓨터, 정보통신 관련 분야), '전화기(전기전자공학과, 화학공학과, 기계공학과)' 등이 속한 곳이 모두 이과이기 때문으로 보입니다.

문송합니다? 문과의 미래는 치킨집?

이과 인기가 워낙 많다 보니 상대적으로 문과는 취업에서 불리하다는 인식이 퍼지고 있습니다. 이러한 현상을 반영하는 '문송합니다.(문과라 죄송합니다.)', '문과의 미래는 치킨집이다.(문과 직장인이 40, 50대에 퇴직 후 치킨집을 차리게 된다.)' 하는 말들이 있습니다. 단순한 우스갯소리이지만 학생, 학부모들의 불안을 높인다는 점에서 우려가 되는 상황입니다. 실제로 문과 쪽으로 진학한 학생들이 심각하게 취업을 못하는가 하면 그런 것도 아닙니다. 나름대로 자신의 적성을 발견하고 열심히 자기 길을 만들어 나가고 있는 과정에 있는 친구들이 많습니다. 어느 정도 경력을 쌓거나 공부를 열심히 하고 나서는 충분히 자리를 잡고 잘 살아가고 있는 친구들도 많습니다. 이과의 인기가 워낙 많은 것은 사실이지만 문과의 현실이 암담하다고 볼 수는 없습니다.

Q: 아이가 이과 쪽으로 갔으면 좋겠는데 영 말을 듣지 않습니다. 저도 문과 쪽이고 남편도 문과 쪽이긴 하지만 이쪽이 힘들어서 아이만큼은 IT 계열로 보내고 싶은데요. 아이가 저희 말을 안 듣고 계속 문과 간다고 고집부리고 있는 상황인데, 어떻게 하면 좋을까요?

A: 고집부리는 데는 무언가 이유가 있을 텐데요. 저는 어렴풋이 알 것 같습니다.

대개 학부모님들은 자신과 비슷한 직업을 자녀들도 가지길 원하는 경우가 많습니다. 학부모님들이 살아온 것과 닮은 삶을 자녀들도 살아가길 원하는 건데요. 다른 사람들이 자기와 비슷한 모습이 많이 보이면 사람은 안정감을 느낀다고 합니다. 가까운 곳에 자기가 모르는 전혀 다른 세계의 삶을 사는 사람이 있으면 굉장히 낯설잖아요. 그런 것을 피하고 싶은 마음 때문일 겁니다.

그런데 어머님처럼 전혀 다른 직업을 가지길 원하는 경우들도 더러 있습니다. 자녀들이 나보다 더 나은 삶을 살길 바라는 마음인 것 같습니다. 내가 미리 겪어봐서 아니까 아이들은 이런 것을 안 겪었으면 하시는 거잖아요. 그런데 아이들도 십 년 넘게 살아오면서 자기가 보고 들고 느낀 것으로 판단을 하더라구요. 제가 보니 아드님 같은 경우에는 부모님을 존경하고 좋아하는 것 같았습니다. 존경하는 부모님이 자기에게 어떤 재능을 물려주셨는지 잘 알고 있구요. 아무래도 그 능력은 문과 쪽에서 조금 더 적절하게 활용할 수 있겠지요. 그래서 아이가 부모님과 완전히 같은 직업을 가지려고 하는 건 아닐지라도 비슷한 다른 분야에서 일하기 위한 과정을 밟아나가려고 하는 것 같습니다. 원래 고집이 센 아이도 아니고, 굉장히 똑똑한 편입니다. 오히려 자기가 잘할 수 있는 게 뭔지 아는데 다른 쪽을 권하니까 자기 의견을 표출하는 것으로 보입니다. 다만 아직 표현이 서툰 남학생이다 보니 고집부리는 식으로 나타나는 것입니다.

아이가 제 말도 잘 듣고 잘 따르는데요. 저도 사실 고등학교 때 이과였다가 문과로 바꿨거든요. 너무나도 잘한 선택이라고 생각합니다. 제가 잘 살고 있는 거, 아이들도 매일 보고 있잖아요. 어머님, 아버님께서도 매일 잘 살고 계시는 것을 보면서 아이도 편안함을 느끼는 것 같습니다. 아이가 부모님을 좋아하고 닮고 싶어 한다는 것, 요즘은 이것도 흔치 않은 일인 것 같은데요. 어머님께서 다시 한번만 더 찬찬히 생각해 보시면 어떨까요?

장성민쌤의 TIP

> 이과든 문과든 적성에 따라 선택하고, 선택했으면 열심히 해야
> 합니다. 그러다 보면 더 나은 길을 찾을 수 있습니다.

장성민쌤의 응원 메시지

> 앞으로도 선택해야 하는 순간들이 수도 없이 찾아와.
> 이것도 그저 선택의 하나일 뿐이야.

5.

재수할 생각은 아예 하지 마라

재수/삼수/N수

장성민쌤의 보이는 남학교!

삼수해서 사범대 합격한 이야기

경욱이 어머니는 학교에 들렀다가 장성민쌤을 만났다. 경욱이 형 경인이는 3학년 때 장성민쌤 반이었다. 장성민쌤이 반갑게 인사를 건네며 말했다.

"어머님, 경인이 재수한다는 이야기 들었습니다. 경인이가 학교에서도 정말 열심히 했거든요. 사실 저도 삼수했는데요. 조금이라도 경인이한테 도움이 될까 해서 준비했습니다. 손 편지는 아니구요. 제가 다음에 낼 책에 들어갈 글 중 한 편 출력한 건데요. 경인이가 책 읽는 거 좋아했던 기억이 나서요. 경인이한테 전해주시면 감사하겠습니다."

　나군 인천 교대 예비 13번.

　추가 합격은 10번에서 끝났다. 작년에도 15번까지 됐었고 올해도 비슷하게 예상한다더니. 입학처에 강한 배신감을 느꼈다. 하지만 더 이상 하소연할 수가 없었다. 이미 가, 다, 라 군은 예비 번호 없이 떨어지거나 어림도 없는 순번이었다. 2월이 지나고 3월이 다가오자 더 버티지 못하고 재수종합학원에 등록했다. 스무 살이 되었으나 대학생은 되지 못했다.

　스무 살 재수생의 생활은 씁쓸하기 그지없었다. 친구들이 영화 '선물'을 보고, 개그콘서트를 본 이야기로 웃고 떠들 때 단 한 마디도 끼어들 수 없었다. 다모임과 아이러브스쿨에 가입하려고 해도 '고등학생'과 '대학생' 중 어느 것도 선택할 수 없는 신분이었다. 그래서 정말 공부만 열심히 했다. 고3 때는 한 권도 제대로 풀지 못했던 문제집을 한 달, 짧으면 몇 주 만에도 다 풀었다. 환절기에 비염으로 고생할 때도 병원 가는 시간을 아껴 공부했다.

　두 번째 수능 날, 미리 준비해 간 여행용 티슈 한 통을 콧물 닦느라 다 쓰며 시험을 봤다. 그날 저녁 EBS 방송을 보며 언어 영역을 채점하다 소리를 지르며 시험지를 집어던졌다. 작년에는 다 해서 3개 틀렸는데 끝까지 채점하기도 전에 2배 넘게 틀리는 걸 받아들일 수가 없었다. 다른 과목들의 점수도 기대에 미치지 못했다. 결국 목표했던 사범대는 지원하지 못하고 추가 합격한 법대에 들어갔다.

처음 겪는 대학 생활은 너무나도 즐거웠다. 한 살 많다고 형이라고 불러주는 동기들과 정말 가깝게 지냈다. 선배들한테 밥도 많이 얻어먹고 소모임에 가입해서 농구도 실컷 하고 밤늦게까지 술 마시며 놀았다. 어디서부터가 살인이고 강간인지를 배우는 형법도 왠지 고등학생이 아니고 성인이기에 배울 수 있는 학문인 것 같아서 흥미로웠다. 다만 머릿속에 내 미래에 대한 그림이 잘 그려지지 않는 점이 낯설었다. 10년, 20년 후 법정에서 일하는 내 모습을 상상할 수가 없었다.

'난 선생님이 되어야 하는데…….'

즐거운 가운데서도 이런 생각이 머릿속을 떠나지 않았다. 결국 5월부터 도서관에서 다시 수학의 정석을 공부하기 시작했다. 한창 축제를 즐기는 사람들의 노랫소리가 들렸지만 그다지 서럽지는 않았다. 6월에는 아예 학교에 나가지 않고 휴학 신청을 한 다음 고시원에서 친구와 함께 수능 공부만 했다. 잠깐 쉴 때는 이문열의 삼국지를 읽었다. 점점 삼국지를 읽는 시간이 늘어났지만 친구와 함께 그만 읽고 공부하자며 마음을 다잡았다. 이후에는 고시원을 끊고 집 근처 구립 독서실을 다니며 공부했다. 대학 생활하며 노는 맛을 알아 버려서 그런지 공부가 잘되지는 않았다. 그래도 두껍고 어려운 법전 보며 공부하다가 고등학교 문제집들을 보니 괜히 쉽게 느껴졌다. 작년처럼 수능 볼 때 아프지나 말자며 환절기가 될 때쯤부터는 조금만 아파도 매일같이 병원에 가며 건강관리를 했다. 모교에 가서 세 번째 수능 원서를 접수했다. 학창 시절 독실하기로 유명했던 선생님을 찾아가 이번 수능 꼭 좀 잘 보게 해 달라고 기도를 부탁드렸다.

세 번째 수능도 작년처럼 어려웠다. 그러나 느낌이 아주 나쁘진 않았다. 처음 보는 고전 문학 지문이 굉장히 까다로워 보였는데 왠지 그날은 한번 읽고 다 이해가 되어서 더 읽지 않고 바로 문제를 다 풀었다. 아프지 않아서 컨디션이 좋았던 덕이었을까. 언어 영역 1등급에 백분위 100이 나왔다. 다른 영역들도 좋은 점수와 등급을 받았다. 덕분에 목표했던 서울 소재 대학교의 국어교육과에 합격할 수 있었다.

그 후로 십여 년의 세월이 지나고, 선생님이 되었다. 살면서 힘든 시간들도 많았지만 재수, 삼수할 때만큼 힘들었던 적도 많지 않았다. 그럼에도 교사라는 꿈을 이룰 수 있었던 것은 그 힘든 시간을 견뎌냈기 때문일 것이다. 신은 감당할 수 있는 만큼의 시련을 준다고 한다. 지난날의 시련들 덕분에 꿈을 이루었으니, 앞으로의 시련도 감당해 낸다면 새로운 꿈을 이룰 수 있지 않을까 하는 생각이 든다.

그래도 재수는 싫다

당연한 이야기겠지만 고등학교를 졸업하기도 전에 재수부터 생각하는 경우는 많지 않습니다. 일반고의 경우 내신 등급을 잘 받아서 수시를 노리고, 그게 여의치 않으면 정시를 노립니다. 그러나 보통 일반고의 정시 합격 비율은 높지 않습니다. 그래서 수능 성적이 만족스럽게 나오지 않으면 어쩔 수 없이 재수를 택하는 것이 일반적입니다.

재수해도 점수는 그대로다?

자녀가 혹은 지인의 자녀가 재수를 하겠다고 하면 만류하면서 많이들 하는 이야기가 재수해도 점수 안 오른다더라는 이야기입니다. 10년 동안 고등학교에서 근무하며 나름대로 쌓인 통계를 생각해 보면 반은 맞고 반은 틀린 이야기입니다. 재수생의 경우 졸업 후 학적에서 빠진 상태이기 때문에 학교에서 공식적인 경로로 대학 진학 여부를 알 수 있는 방법이 없습니다. 그럼에도 불구하고 본인이나 주변 사람들을 통해서 학교로 소식을 전해 옵니다. 이런 경우는 거의 다 재수에 성공한 경우입니다. 만족할 만한 성과를 얻었으니까 학교로 연락하는 것입니다. 대부분이 고등학교 때보다 더 나은 성적을 받고 합격했습니다.

그러나 열 명이 재수를 한다고 했을 때 이렇게 성공하는 경우는 한두 명이나 두세 명에 불과합니다. 실제로 제가 법대를 휴학하고 재수(실은 삼수였지만)할 때 다른 친구들도 열 명 가까이 수능을 봤다는데 저를 제외하고는 모두 돌아왔다고 합니다.

반수가 더 유리하다?

물리적인 시간 투자로만 봤을 때는 1년 동안 수능을 공부하는 것이 6개월 동안 공부하는 것보다 효율적으로 보입니다. 하지만 실제 저의 경험에서도 그렇지만 반수해서 성공한 학생들이 꽤 많았습니다. 일단 대학물을 한번 먹어 보면 고등학교 공부가 쉽게 느껴진다는 것이 이들의 공통적인 의견이었습니다. 이런 점 때문에 진학 지도를 할 때 학생이 재수를 고민할 경우 일단 먼저 대학에 한번 진학해 보고 나서 그 후에 반수할 것을 추천하기도 합니다. 물론 학생의 경제 사정이 대학 등록금을 마련하는 데 큰 무리가 없는 경우에 한해서입니다. 반수에 성공하면 그 입학금과 등록금은 투자 비용으로 매몰되는 것인데, 적은 금액은 아니기 때문입니다.

Q: 아들이 벌써부터 재수할 생각을 하고 있네요. 아이도 그렇고 저도 그렇고 너무 힘들 것 같은데, 선생님은 어떠셨어요? 어떻게 삼수까지 할 생각을 하셨나요?

A: 아직 2학년인데 재수라니요. 어떤 마음인지는 알겠지만, 그런 생각은 버려야 합니다.

저도 처음부터 재수할 생각은 전혀 없었습니다. 대학교를 다 떨어져서 어쩔 수 없이 재수한 거예요. 군대 갔다 와서 수능 보는 건 꿈도 못 꿨거든요.

재수생일 때 저는 대형 재수종합학원에 다녔는데요. 아버지 친구분들이 아버지에게 공부 잘했던 아들내미 어느 대학 갔냐고 물어보셨다고 하더라구요. 아버지는 종로 대학 갔다고 답하셨다고 합니다. 그 말을 전해 듣고 참 우울했습니다. 그래도 저한테 실패자 낙인을 찍지 않은 아버지가 고마웠습니다. 그래서 더 열심히 공부했는지도 모르겠구요. 재수해서 원했던 결과가 나오지 않아서 반수로 삼수까지 하게 된 겁니다.

일단 재수를 하게 되면 소속감이 없어서 심리적으로 힘이 듭니다.

고등학생도, 대학생도 아닌 애매한 상태가 사람을 우울하게 만드는 거죠. 그렇기 때문에 재수생의 소속감을 높여주는 것이 중요하겠더라구요. 단지 대학생이 아닐 뿐이지 가정, 친구 등 또래 집단, 교회, 성당 등 종교 집단, 취미 생활 집단 등 여러 곳에 소속되어 있는 거잖아요. 이러한 집단의 구성원들이 재수생의 빈 마음을 채워주는 것이 필요합니다.

20대 젊은 시절의 1~2년은 그리 크지 않을 수 있습니다. 힘든 시간을 이겨내는 귀한 경험이 될 수 있습니다. 나중에 되돌아보았을 때 잘한 일이었다고 평가할 수도 있구요.

그럼에도 불구하고 이런 이야기들은 피치 못하게 재수를 하게 되었을 때의 이야기구요. 저는 웬만하면 우리 아이들이 재수, 삼수 안 했으면 좋겠습니다. 피할 수 있다면 피했으면 좋겠어요. 지금 이 순간에 최선을 다해야 하는 거고, 안 됐을 때 다시 한번 기회를 노릴 수 있는 거지요. 어머님께서도 같은 생각이시지요?

장성민쌤의 TIP

> 최선을 다해서 한 번에 끝내야 합니다.
> 어쩔 수 없이 재수하게 된다면 멀리 보고 1~2년 시간 투자하는
> 거라고 생각하세요.

장성민쌤의 응원 메시지

> 웬만하면 재수하지 마. 그래도 하게 됐다면 희망을 품자.
> 더 나은 사람이 될 수 있을 거야.

6.

결국, 모든 답은 책 읽기에 있다

독서

코로나 때문에, 전화위복

재혁이 어머니가 학부모 독서 모임에 학교에 왔다가 장성민쌤을 만났다.

장성민쌤: 어머님, 안녕하세요? 오늘 학부모 독서 모임 때문에 나오신 거지요?

재혁 엄마: 선생님, 안녕하세요! 오늘이 학부모 독서 모임 있는 날이에요.

장성민쌤: 그러셨군요. 재혁이가 책을 많이 읽는 이유가 어머님 덕분이었네요.

재혁 엄마: 아니에요. 선생님 덕이지요. 요즘 재혁이가 중학교 때보다 책을 더 많이 읽는 것 같아요.

장성민쌤: 그런가요? 사실 저도 계속 강조합니다. 코로나 때 이후로 제가 좀 느낀 게 있었거든요.

재혁 엄마: 맞아요, 선생님. 아이들 개학 연기되고 온라인으로 개학하고 그랬잖아요. 몇 달 동안 아이들이 모니터 화면만 봐서 저도 걱정했었어요.

장성민쌤: 아이들이 학교로 돌아온 다음에도 뭔가 너무 엇나가 있는 느낌이었어요. 사실 저도 무엇부터 어떻게 시작해야 할까 감을 조금 못 잡고 있었는데요. 우연한 기회에 답이 보인 게 바로 책 읽기였어요. 학교에서 독서 관련 예산 나오는 걸로 제가 아이들 독서 토론하려고 계획했었거든요. 그런데 그때는 모일 수가 없었잖아요. 거리두기 정책 때문에 아이들을 데리고 서점에 갈 수가 없었거든요. 그래서 각자 온라인에서 책을 찾아서 골라 보라고 하고, 제가 책을 사 주기로 했어요. 읽고 나면 온라인에서 의견 교환하는 것으로 바꾸었구요. 아이들이 생각보다 열심히 찾아보고 책 제목을 보내주더라구요.

재혁 엄마: 그래요? 아이들 어떤 책 골랐어요?

장성민쌤: 지금 생각나는 건, 고정욱의『퍽』, 김성욱의『테일 테일 칵

테일』, 마키아벨리의 『군주론』, 손원평의 『아몬드』가 기억이 나네요. 그런데 신기한 게 아이들이 10명 정도 되었는데 모두 다 다른 책을 골랐더라구요. 같은 책은 단 하나도 없었어요. 똑같은 교복을 입고 있지만 이렇게 다른 아이들이었구나. 책을 들고 나오면서 하나하나 들여다보는데, 이상할 만큼 제가 기분이 좋더라구요. 신선한 경험이었어요. 사실 그때부터 독서를 더 강조하게 됐어요.

재혁 엄마: 그러셨군요. 말 그대로 전화위복이네요.

장성민쌤: 우리 반에 독서 모임 하시는 어머님이 계시니까 제가 반가워서 말이 너무 많았네요. 아무튼 어머님, 최고입니다. 앞으로도 이런 모임 계속 열심히 참여해 주시면 재혁이한테도 좋은 모범이 될 것 같아요.

지금도 학교 예산으로 책을 사 주고 있다. 책 한 권에 기분이 좋아진 아이들을 보면 같이 기분이 좋아진다.

대입에서 독서가 차지하는 영향?

"서울대 자소서 싸번 무낭(4번 문항)! 고등학교 재학 중 감명 깊게 읽은 책 3권도 내가 다……!"

드라마 〈스카이캐슬〉에서 이웃 간 독서 모임을 주도한 학부모가 이웃 서울대 의대 합격생의 자소서(자기소개서의 줄임말)를 대필해 주었음을 밝히는 대사입니다. 작년까지는 대학 입시에 자기소개서가 반영되었었습니다. 자기소개서 1–3번 문항은 대학 공통 사항이었으나 4번은 대학별로 달랐는데 서울대의 경우 독서 활동을 적도록 했었습니다. 실제 서울대 자기소개서 4번 문항은 다음과 같았습니다.

고등학교 재학 기간(또는 최근 3년간) 읽었던 책 중 자신에게 가장 큰 영향을 준 책을 3권 이내로 선정하고 그 이유를 기술하여 주십시오.

서울대가 자신을 소개하는 차별화된 항목에 독서를 집어넣은 것은 그 의미가 매우 큽니다. 그만큼 어떤 책을 읽고 어떤 영향을 받았으며 어떤 것을 배웠느냐가 중요하다는 이야기입니다. 이제는 자소서도 폐지되었고(고등학교 입시에는 존재함) 생기부의 '독서 활동 상황'도 대

입에 반영되지 않습니다. '독서 활동 상황'의 경우 생기부를 수십 페이지 분량으로 만드는 주범(?) 중 하나였습니다. 줄거리나 내용을 알고 대충 설명할 수 있을 만한 책은 웬만한 것은 모두 적어냈었습니다. 아무래도 책을 적게 읽은 것보다 많이 읽은 게 유리할 거라고 판단했기 때문입니다. 지금도 '책 제목(작가)'의 형태로 생기부에 입력하기는 하지만 대학교에 보낼 때는 자동 삭제됩니다. 그래서 최근에는 이 독서 활동 상황 자체는 열심히 입력하려고 애쓰지 않습니다.

독서가 교과 세특에 반영된다

독서 활동 상황이 미반영된다고 해서 독서의 영향력이 줄어든 것은 아닙니다. 오히려 교과별 세부능력특기사항(줄여서 세특), 행동 특성 종합의견(줄여서 행종, 바뀌기 전 명칭이 '행동 발달 사항'이었기 때문에 행발이라고 부르는 경우도 많음), 창의적 체험 활동 항목 등에 독서 활동을 입력합니다. 단순히 책 제목, 작가만 들어가는 것보다 읽고 느낀 점, 배운 점 등을 더 세세히 적을 수 있다는 장점이 있습니다. 대신 자신의 강점을 드러내기 위한 고민과 노력이 더 늘어난다는 점이 단점이 될 수 있습니다.

최상위권의 필수 요소는 '마니아적 독서'이다

앞에서도 이야기했듯이 서울대 등 최상위권 학생들에게 독서는 필수입니다. 어떻게 실력을 쌓고 있는지 얼마나 전공 적합성(지원하고 자 하는 학과 또는 계열의 특성과 얼마나 잘 맞는지에 관한 것)을 갖추고 있는지를 밝히기 위해서 어떤 책을 읽으며 공부했는지를 밝혀야 합니다.

최상위권 학생들 중 대다수가 본인이 진학을 원하는 분야의 매우 어려운 책을 읽습니다. 실제로 제가 고3 담임하면서 서울대에 합격한 학생이 두 명 있었습니다. 한 명은 문과, 한 명은 이과였습니다. 독서와 관련해서 이 아이들은 공통점이 있었습니다. 바로 교사인 저도 모르는 전문적인 책을 읽는 것이었습니다. 대개 학생들은 제가 읽어 봤거나 흔히 들어본 책을 읽는 경우가 대부분입니다. 그러나 서울대에 합격하는 아이들이 생기부나 자기소개서 4번 항목에 써낸 책들은 제가 평생 한 번도 들어본 적 없는 낯선 책들이었습니다. 이 아이들이 책에 대해 설명한 것을 보면 정말 이 분야를 좋아해서 마니아적으로 파고들었다는 느낌을 받았습니다. 일반 고등학생이 알만한 수준을 뛰어넘는 전문적인 지식을 가지고 있다고 여겨졌습니다. 이러한 내용이 '이 아이들은 앞으로 더 전문성을 갖추기 위해 노력하겠구나.' 하는 생각도 들게 했습니다.

비단 서울대뿐만 아니라 제가 근무하는 학교에서 상위권 학교에 진학한 학생들은 집중적으로 한 분야의 책을 읽은 경우가 많았습니다. 이 학생들의 이야기를 들어보면 어릴 때부터 그 분야를 좋아하게 돼서 책을 읽었고, 점점 더 어려운 책들을 읽어 나갔다고 합니다. 자연스럽게 여러 대학에 같은 과를 지원할 수 있었고, 주로 학생부 종합 전형(줄여서 학종)에서 전공 적합성이 뛰어나다는 평가를 받고 합격했습니다.

성적보다 더 중요한 것은 '독서 습관'이다

상위권 학생들에게만 독서가 중요한 것은 아닙니다. 오히려 중위권, 하위권 학생들에게 독서가 더 중요합니다. 성적과 관계없이 책을 읽는 아이들은 활기가 있습니다. 이런 활기가 실패해도 딛고 일어서는 힘이 되어주는 것 같습니다.

가끔 라이트 노블(만화 · 애니메이션풍의 일러스트를 사용하는 오락소설)을 좋아하는 아이들이 있습니다. 이 아이들에게는 확실한 장점이 있습니다. 무기력에 빠지지 않는다는 것입니다. 자기의 시간을 책 읽는 데 투자하고 새로운 즐길 거리를 찾을 줄 압니다. 그 과정에서 높은 문해력을 갖게 되는 것은 보너스인 것 같습니다.

요즘 아이들은 유튜브를 보는 시간이 많습니다. 그러나 똑같이 유튜브를 보아도 유튜버가 되고 싶은 아이, 배우가 되고 싶은 아이, 영상 편집자가 되고 싶은 아이로 나누어집니다. 국영수 공부는 하고 싶지 않아도 유튜브 공부, 연기 공부, 영상 편집 공부는 하고 싶어 합니다. 이럴 때 관련 책을 읽으면서 자연스럽게 자기 분야에서 필요한 공부를 하게 할 수 있습니다. 진로를 개척해 나가는 과정은 이렇게 한 권의 책부터 시작될 수 있는 것입니다.

학부모 상담

Q: 아들이 중학교 때부터라도 책이랑 좀 친해지게 하고 싶습니다. 그런데 요즘 책값이 비싸기도 하고 서점에 가면 다른 것만 사려고 해서 좀 꺼려지기도 합니다. 차라리 도서관에서 빌려 보는 걸로 시작해도 괜찮을까요?

A: 사실 저도 도서관을 더 많이 갑니다. 하지만 가끔은 꼭 서점에서 새 책으로 한 권 사 주시는 것을 추천합니다.

저는 독서가 삶을 이끌어 간다고 생각합니다. 요즘 들어 더 그렇게 생각하게 되었습니다. 제가 국어 교사가 된 것은 이문열의 『삼국지』, 베르나르 베르베르의 『개미』, 김용의 『소설 영웅문』과 같은 책들 때문이었습니다. 삼국지는 20번 이상, 개미와 소설 영웅문은 5번 이상 읽었습니다. 최근에는 작가가 되기 위해 책쓰기 책을 20권, 마케팅 책을 10권 정도 읽었습니다. 책을 내려면 더 많은 인풋이 필요했고, 인풋이 충분해질 때마다 아웃풋이 발생하더라구요.

"Poetry is the spontaneous overflow of powerful feelings: it takes its origin from emotion recollected in tranquility."

— William Wordsworth

"시는 강력한 감정이 자연스럽게 넘쳐나는 것이다. 시는 평온 속에서 기억되는 감정에서 비롯된다."

— 윌리엄 워즈워드

좋아하는 감정이 생기면 더 많이 알고 싶어지는 것 같습니다. 더 많이 알고 싶어서 다른 책들을 찾게 됩니다. 많이 읽고 많이 알게 되면 쌓인 지식이 넘쳐 나옵니다. 윌리엄 워즈워드처럼 시를 쓰는 것은 아닐지라도 흘러넘치는 지식을 유용하게 쓸 곳을 찾게 됩니다. 그곳은 아이들이 일하게 될 일터일 수도 있고 평생을 즐길 건강한 취미 생활의 장일 수도 있을 것입니다.

그렇게 책을 좋아하게 하려면 처음에는 새 책을 한 권 사 주는 게 가장 효과적이었습니다. 저는 코로나가 창궐한 이후부터 도서를 구매할 수 있는 기회가 생기면, 아니 어떻게든 기회를 만들어서라도 아이들에게 책을 사 주었는데요. 그리고 나서 쉬는 시간, 점심시간에 교실을 보면 여러 아이들이 자기가 고른 책을 읽고 있었습니다. 아이들이 스마트폰을 안 하고 책을 보다니! 누가 시키지도 않았는데! 정말 놀라운 일이 아닐 수 없었습니다. 인터넷, 스마트폰, 게임을 이길 수 있는 것은 단언컨대 많지 않습니다. 하지만 아이들은 자기가 좋아하는 분야의 새 책 한 권을 정말 좋아했습니다. 얇은 책들도 아닌데 책 한 권 다 읽는 데 며칠 안 걸리더라구요.

물론 이렇게 새 책 한 권 읽고 거기서 끝나 버리면 당연히 좋은 독서 습관이 형성되지는 않겠지요. 한 번이라도 더 서점에, 도서관에 가야 할 것입니다. 책 한 권을 읽으면 책을 쓴 작가의 다른 책들이 있습니다. 그 책들을 구매하러 다시 서점에 데려가도 좋습니다. 같이 가는 것이 가장 좋구요. 여건이 안 되면 혼자서라도 가서 골라 보게 해야 합니다. 자기가 찾고 선택한 책은 남이 사다 준 책과는 의미 자체가 완전히 다릅니다.

만약 절판된 책이어서 서점에서 구할 수 없다면 중고서점도 좋습니다. 더 저렴한 가격에 원하는 책을 구할 수 있거든요. 소장하기 꺼려지거나 가격이 부담된다면 주변에 도서관이 있습니다. 작은 도서관이든 학교 도서관이든 상관없습니다. 원하는 책이 없다면 홈페이지 등에서 장서 신청을 할 수도 있습니다. 그러면 도서관에서 친절하게 사서 비치해 줍니다.

그렇게 서점, 도서관을 자주 드나들다 보면 그곳의 공기가 익숙해지고 그곳의 사람들이 익숙해질 겁니다. 차분하게 책을 찾고 읽는 모습들이 익숙해지고 차츰 그들과 동화되어 갈 수 있습니다. 서점이나 도서관에 있는 사람들은 그 자체로 매력적인 것 같습니다. 저도 아내와 처음 밖에서 단둘이 만날 때 서점에 갔었던 기억이 납니다. 결국 이렇게 평생을 함께 하는 인연이 된 것이 우연은 아니었던 것 같네요. 어머님께서는 우리 아이들이 어떤 공간에서 만난 사람과 어울리기를 바라시나요?

선생님이, 부모님이 쥐여 준 책 한 권에 변화하는 아이들을 많이 보았습니다. 학생이기 때문에 아이들은 배워야 하고 배우기 위해서 읽어야 합니다. 중간, 기말고사 혹은 수행평가 직전만 아니면 됩니다. 아이가 책과 가까워지길 원하신다면 가끔은 새 책도 한 권씩 꼭 사 주세요.

장성민쌤의 TIP

> 틈날 때마다 서점, 중고 서점, 도서관에 아들을 데리고 가세요.
> 최상위권은 깊이 있는 책, 중하위권은 가볍게 좋아하는 책 읽게 해 주세요.

장성민쌤의 응원 메시지

> '책 한 권이 인생을 바꾼다.' 쌤의 삶이 지금 그걸 보여주고 있잖니.
> 얼른 책 가지고 오럼.

II.

엄마의 걱정보다
평화로운

교내 생활

1. 김영란법 ◆ 선생님께는 커피 한 잔도 안 된다

2. 학교 폭력 ◆ 사건은 선생님이 없는 곳에서 벌어진다

3. 체벌 ◆ 때려서 훈육하지 않는다

4. 흡연 ◆ 요즘 아이들은 담배 많이 안 피운다

5. 두발 자유화 ◆ 중고등학생이 염색, 파마? 해도 된다

1.

선생님께는 커피 한 잔도 안 된다

김영란법

올 때 닥터페퍼

책상 위에 놓인 음료. 누가 왔다 갔을까?

장성민쌤 반 학부모가 상담 오기 전 문자로 커피를 사 오겠다고 했다. 장성민쌤이 전화를 걸었다.

어머님, 안녕하세요. 저희 김영란법 때문에 커피는 받을 수가 없습니다. 맞아요, 웬만한 건 다 못 받는다고 생각하시면 편해요.

저도 수업하고 교무실로 돌아와 보면 가끔 책상 위에 못 보던 무언가 놓여 있을 때가 있거든요. 대개 먹거리예요. 떡이나 마카롱, 몽쉘, 쿠키, 비타민음료, 캔음료 같은 거요. 떡 상자일 때는 인사말과 함께 자신을 명확히 밝힌 라벨지가 붙어 있어요. 남녀 공학이나 여학교에서는 메모지에 이걸 준 사람이 누구인지, 그 이유가 무엇인지 예쁜 글씨로 잘 쓰여 있지요, 반드시. 그런데 남학교에서는 이런 메모가 없는 경우가 있거든요. 사실, 없는 경우가 더 많아요.

어느 날은 누가 비타민 음료를 놓아두었길래 아무 생각 없이 옆자리 선생님에게 물어봤었어요.

"선생님, 비타민 음료 이거 누가 돌리신 거예요?"

"비타민 음료요? 저는 잘 모르겠는데……."

그렇게 되면 누군지 궁금하잖아요. 선생님은 아닌 것 같고 김영란법 때문에 재학생일리도 없고. 졸업생일 가능성도 있어요. 그래도 이렇게 덜렁 두고 가 버리면 안 되잖아요. 이런 경우에는 나중에 따로 연락이 오는 일도 없구요. 도무지 알 길이 없어요.

그래서 저는 담임 맡은 반에 들어가면 졸업하고 모교를 찾아올 때의 예의에 대해서 명확하게 주입식으로 교육을 해요.

"졸업하고 학교 찾아올 때 빈손으로 오지 마라. 뭐라도 들고 오는 게 예의다. 날 보러 올 때는 다른 거 다 필요 없고, 닥터페퍼 하나만 들고 오면 된다. 만약 너희들이 닥터페퍼를 사 들고 왔는데 내가 교무실에 없다, 나를 못 만나고 갈 것 같다 싶으면! 꼭 포스트잇에 이름이라도 써 놓고 가라. 알았지?"

졸업한 아이들이 닥터페퍼 많이 사 오냐구요? 대부분은 그냥 와요.

제가 또 쓸데없이 말이 너무 길었네요. 아무튼 내일 오실 때는 부담 없이 편하게 오시면 됩니다.

요즘 남학교는

스승의 날에는 롤링페이퍼와 칠판 꾸미기가 대세다.

빈손으로 오세요

청탁금지법(일명 김영란법)은 2015년 시행 이후 학교의 모습을 많이 바꿔놓았습니다. 먼저 선생님들은 학생이나 학부모에게 작은 것 하나도 받지 않습니다. 스승의 날 행사를 하면 이전에는 3만 원 이하의 선물은 주고받을 수 있었습니다. 그렇지만 지금은 선물 없이 칠판을 꾸미거나 롤링페이퍼를 써 줍니다. 선생님의 생일 같은 깜짝 이벤트를 해 줄 때에도 지금은 학생들이 사 온 케이크를 사진 찍은 다음에 반 아이들끼리 나눠 먹습니다.(아이들이 먼저 먹은 케이크는 선생님도 같이 먹을 수 있긴 합니다.)

그래서 요즘은 학부모가 학교를 방문할 때도 빈손으로 오는 게 자연스럽습니다. 오히려 무언가를 사 왔을 때 청탁금지법 때문에 받을 수가 없다며 교사가 거절해야 하는 부담스러운 상황이 발생합니다. 가끔 기프티콘을 보내주는 학생이나 학부모가 있지만 역시 상황을 설명하며 받지 않습니다. 대신 업무 연관성이 없는 선생님이 있습니다. 담임도 아니고 다른 학년만 수업을 들어가서 생활기록부에 한 줄도 쓸 권한이 없는 경우입니다. 이때는 5만 원 이하의 선물을 줄 수 있다고 합니다. 졸업한 학교의 선생님에게는 1회 100만 원 이내의 선물이 허용됩니다.

학부모 상담

Q: 올해 담임 선생님 덕에 우리 아들이 학교에 잘 적응하고 있어서 항상 고마운 마음을 가지고 있습니다. 이번 스승의 날에 작은 무언가라도 꼭 하나 드리고 싶은데 무엇이 좋을까요?

A: 그러한 마음을 담아서 편지를 전해주시는 건 어떨까요? 편지는 부담스럽고 꼭 선물을 드리고 싶으시다면 내년 이후 그 선생님께서 아이의 담임이나 교과 수업을 안 맡으실 때 5만 원 이하로 드리면 됩니다.

　김영란법에 대해서는 많이 들어보셨지요? 이 법이 시행된 이후에 교사인 저는 오히려 편해졌습니다. 시행 이전에는 무얼 받았을 때 마음이 불편했었거든요. 무엇으로 돌려주어야 하나, 마음에 빚을 지고 있는 기분이 항상 들었습니다. 그러나 지금은 그렇지 않습니다. 아이들이나 부모님들이 감사를 표하며 무엇을 주려고 해도 웃으며 법에 대해 알려주는 것이 오히려 교육의 기회가 된다고 생각합니다. 학생들도, 학부모님들도 편하다고 말씀하시구요. 선생님이 무얼 좋아하고 무얼 못 먹는지를 알아내야 할 필요가 없잖아요. 3만 원 내에서 살 수 있는 가장 센스 있는 물건이 무엇인지 고민할 필요도 없구요. 상담하러 갈 때 빈손으로 가면 안 되지 않나 하는 생각을 할 필요도 없습니다.

가끔 졸업생들이나 그들의 학부모님들이 무언가를 주실 때가 있습니다. 이때는 저도 주시는 대로 다 받습니다. 더 이상 잘 보일 필요가 없어진 사람인데도 찾아오고 선물을 준다는 게 어떤 마음인지 너무나도 명확하게 전해지니까요. 그래서 정말 기쁘고, 정말 고맙습니다. 덕분에 선생질할 맛이 납니다.

어머님께서 선생님께 감사해하는 그 마음이 선생님 입장에서도 고맙습니다. 편지든 선물이든, 어떤 방식을 택하시든 그 마음이 잘 전달될 수 있기를 바랍니다.

장성민쌤의 TIP

선생님 만나러 갈 때는 아무것도 사지 말고, 빈손으로 가십시오. 그게 합법입니다.

장성민쌤의 응원 메시지

생각해 주시는 마음만, 잘 받겠습니다. 진심으로 감사합니다.

2.

사건은 선생님이 없는 곳에서 벌어진다

학교 폭력

장성민쌤의 보이는 남학교!

당한 기억은 쉽게 사라지지 않는다

장성민쌤이 생활지도부에 있을 때, 선생님의 원고를 부탁하는 독서
모임 학부모의 전화를 받았다.

"어머님, 안녕하세요. 학교 폭력 담당 교사 인터뷰나 원고가 필요하
신가요? 마침 제가 담당인데요. 과거의 학교 폭력을 떠올려 보는 내용
이군요. 제가 고등학생일 때 학교 폭력에 대해서 알려 드려도 될까요?
저 고등학교 다닐 때 학교 폭력 당한 적이 있는데요. 그때 일을 적은 글이 있는데 그걸로 보내드리겠습니다."

쿵.

쉬는 시간이었다. 책상에 엎드려 자고 있었다. 머리 위로 필통 같은 게 떨어졌나 보다. 누가 장난치다가 던진 게 맞은 것 같다. 고개를 들고 앞이랑 옆을 둘러봤는데 아무것도 없었다. 다시 엎드렸다.

퍽!

좀 아프다. 이건 필통이 아니다. 뭐지 하면서 일어나서 뒤를 돌아보는데 날아오는 발에 어딘가를 맞고 책상과 함께 쓰러졌다.

"뭐야? 왜 때려?"

자던 중이라 정신을 못 차리고 있다가 누가 날 때리는지 확인했다. 저놈은……. 어제 청소 안 하고 가 버려서 칠판에 이름 적힌 놈이다. 담임 선생님이 반장인 나에게 청소 안 하는 사람은 칠판에 적어 놓으라고 하셨다. 한 명이 대충 하는 척하다 가려고 하길래 그냥 가면 이름 적는다고 했는데 무시하고 가 버렸다. 그래서 칠판에 이름을 적었었다. 고개를 돌려 칠판을 보니 이름은 이미 지워져 있었다. 어차피 니가 지웠잖냐고 하는데 선생님이 봤으면 어쩔 거냐며 또 때렸다. 나는 몸을 웅크리면서 열심히 막았다. 우당탕탕 소리에 놀란 친구들이 달려와서 뜯어말리고 그놈을 떨어뜨려 놓았다. 잠이 덜 깬 상태라 아픈 건 거의 없었는데, 분했다.

'선생님이 시켜서 한 건데 잘못은 자기가 해 놓고 날 때려? 태권도인지 헬스인지 운동 좀 했다고 깝치면 다야?'

50분 동안 분한 마음을 삭이다 쉬는 시간이 되어 교무실로 갔다. 막상 교무실 안으로 들어가려고 하니까 갑자기 좀 망설여졌다. 교무실 자체가 좀 무섭기도 했고, 굳이 말했다가 더 일이 커질까 봐 걱정도 됐다. 고민하다가 결국 발걸음을 돌려 다시 교실로 돌아왔다.

다음 날이 되었다. 쉬는 시간이었다. 다시 책상에 엎드려 자고 있었다. 수업 시간에는 졸려도 열심히 수업을 듣지만 쉬는 시간에는 잠을 참을 수 없던 시절이었다.

쿵. 퍽.

또 맞았다. 이번에는 여러 방을 한 번에 날렸나 보다. 역시 잠든 중이었어서 아픈 것보다 맞으면서 잠이 깼다. 쓰러진 책걸상을 붙들고 일어서면서 물었다.

"뭐야? 언제까지 이럴 건데?"

"계속 그럴 건데?"

하면서 그놈이 또 때렸다. 나도 이제 참을 수가 없었다.

"이 씨발!"

욕설과 함께 달려가서 힘껏 그놈을 밀었다. 그놈이 주춤하자 한 대라도 때려 보려고 달려들었다. 그놈은 살짝 당황한 기색을 보였다. 또

다시 친구들이 달려오며 말려서 거의 때리지는 못했다. 계속 내가 욕설을 퍼부으면서 말리는 친구들한테 잡힌 채로 버둥거리고 있으니 그놈이 욕을 하며 스윽 자기 자리로 돌아갔다. 또 때리면 어떡하나 걱정도 조금 되었으나 그놈의 당황한 모습에서 묘한 안도감 같은 것도 들었다. 또 덤비면 나도 같이 때리든지 나중에 내가 뒤통수를 치든지 아니면 선생님께 말씀드리든지 할 각오를 하고 남은 하루를 보냈다. 별탈 없이 지나갔다.

다음 날이 되었다. 아무 일 없이 지나갔다. 그다음 날도 역시 아무일 없이 지나갔다. 같은 반이니까 교실이나 복도에서 마주쳐도 쳐다보기만 할 뿐 말 한마디 하지 않았다. 내가 쳐다봐도 눈만 마주치고 지나갈 뿐이었다. 점점 시간이 지나면서 깨달아지는 것이 있었다.

'가만히 있으면 안 되는 거였구나. 진작 맞서 싸웠으면 한 번으로 끝나는 거였어.'

학창 시절에 친구들이랑 티격태격 싸우고 화해한 적은 몇 번 있지만, 일방적으로 맞았던 것은 이때가 유일하다. 20여 년이 지난 지금도 이렇게 글을 쓰기 위해 그때 일을 떠올려 보면 다시 분이 차오른다. 폭력을 당한 기억은, 그때의 그 감정은 오랜 시간이 지나도 쉽게 사라지지 않는 것 같다.

요즘 남학교는

학교 폭력 = 학생끼리 행해지는 폭력

학교 폭력의 정의는 다음과 같습니다.

학교 폭력: 학교 안팎에서 학생들 간에 이루어지는 상해, 폭력, 감금, 협박, 약취 · 유인, 명예 훼손, 성폭력, 따돌림 따위.

이 정의에 따르면 교실 등 학교 공간뿐만 아니라 학교 외의 장소, 사이버 공간에서 이루어지는 일도 학교 폭력에 해당합니다. 대상은 학생들입니다. 같은 학교 학생일 수도 있고 서로 다른 학교의 학생들일 수도 있습니다. 같은 나이끼리이거나 나이 차이가 날 수도 있는데 한쪽이 성인일 경우에는 해당하지 않습니다. 양쪽이 모두 학생인 경우에만 학교 폭력에 해당합니다.

선생님 없는 곳에서, 코로나 이후 사이버 폭력 ↑

교실이건 학교 밖이건 학교 폭력은 선생님이 없는 곳에서 일어납니다. 코로나 이후 학교 폭력은 증가하고 있는 추세입니다. 기사를 통해 확인한 통계에도 그렇게 나와 있고 현장에서 느끼기에도 그렇습니다.

원격 수업이 이루어질 때는 학생들끼리 부딪힐 일도 현저하게 적었지만 대면 수업으로 전환된 이후에는 학생들 사이의 갈등이 늘어나며 학교 폭력 건수도 늘어났습니다. 주목할 점은 상해, 폭행과 같은 오프라인에서의 폭력보다 명예훼손, 따돌림과 같은 온라인에서의 폭력이 늘어난 것입니다. 이와 같은 온라인에서의 폭력, 즉 사이버 폭력은 SNS나 단체 대화방, 익명게시판 등에서 주로 일어납니다.

남고보다 남중에서 폭력 사건이 많다

그간의 경험을 통해 판단했을 때 남고보다는 남중에서의 폭력 건수가 더 많았습니다. 고등학생 정도 되면 성인에 가깝게 신체가 발달하기 때문에 서로가 서로에게 매우 위협적입니다. 또한 정신적으로도 성장했기 때문에 갈등이 벌어져도 폭력으로까지 번지는 일은 드문 편입니다. 하지만 중학생들은 신체 변화는 급격하게 일어나지만 갈등 관리 능력이 미숙합니다. 그래서 흥분을 자제하지 못해 폭력을 쓰는 일이 조금 더 빈번하게 일어납니다.

가벼운 건 학교장 종결 처리한다

경미한 폭력이 발생했을 때 대부분은 학교장 종결 처리되는 경우가 많습니다. 생활지도를 1차적으로 책임지는 담임교사가 재발방지 대책을 수립하고 폭력 당사자들의 합의를 이끌어 내는 일이 가장 많은 것입니다. 이때 경미한 폭력 여부는 담임교사가 주로 판단하는데 눈으로 확인할 수 있는 상처가 아예 없거나 병원 진료를 필요로 하지 않을 때 경미하다고 봅니다. 말다툼을 한 경우가 아니라 실제 물리적인 폭행이 있었을 때는 대부분 학부모님께 연락하여 전후 사정을 설명합니다.

눈에 띄는 상처가 생겼거나 병원 진료가 필요한 경우에도 학생이나 학부모가 원하는 경우에는 학교장 종결 처리되기도 합니다. 다만 이때 되도록이면 상대방의 병원비는 서로 부담하도록 권유하는 편입니다. 우리 아이가 맞고 왔을 때 상대방에게 병원비를 받지 않았는데 거꾸로 우리 아이가 다른 아이를 때렸을 때 그쪽에서는 치료비를 요구하는 사례가 종종 있기 때문입니다. 뒤탈이 없게 하기 위해서 작은 금액이라도 서로 내주고 깔끔하게 마무리하는 것이 좋습니다.

심각한 건 학교폭력대책 위원회로!

심각한 폭력으로 판단되거나 어느 한쪽에서 원할 경우 먼저 학교 내 폭력대책기구에서 조사를 합니다. 이전에는 학교 자체에서 학교폭력대책심의위원회(줄여서 폭대위)가 열렸으나, 몇 년 전부터 폭대위는 교육청에서 열리는 것으로 바뀌었습니다. 학교 내 폭력대책기구는 주로 생활안전부 소속 교사들로 이루어져 있습니다. 여기에서 폭력 사건과 관련된 학생들과 교사 등을 불러 사안의 내용을 조사합니다. 이를 바탕으로 폭대위가 열리면 징계 처분이 내려집니다. 징계 처분은 총 9가지가 있는데 다음과 같습니다.

　1호 피해 학생에 대한 서면 사과

　2호 피해 학생 및 신고 · 고발 학생에 대한 접촉, 협박 및 보복 행위

　　　금지

　3호 교내 봉사

　4호 사회봉사

　5호 학내외 전문가, 교육감이 정한 기관에 의한 특별 교육이수 또는

　　　심리치료

　6호 출석정지

　7호 학급교체

　8호 전학

　9호 퇴학처분

　이 처분들 중 9호는 의무교육기관인 중학교에는 해당되지 않습니다. 1, 3, 4, 6, 8호는 숫자가 커질수록 무거운 처벌로 여겨지고 2, 5, 7호는 다른 처분과 동시에 여러 개가 내려질 수도 있습니다.

　폭대위 징계는 모두 생활기록부(줄여서 생기부)에 기록됩니다. 1~3호는 졸업과 동시에 삭제되지만, 4~5호는 졸업일 2년 후에, 6~8호는 4년 후에 삭제되고, 9호는 삭제되지 않습니다.

⬤ 기재사항 및 삭제시기

· 학교폭력 가해자에 대한 조치는 다음과 같이 학교생활기록부에 기재됩니다(「2024년도 학교폭력 사안처리 가이드북」, 100면).

<초·중·고 1학년>

학교생활 기록부 영역	가해학생 조치사항	삭제시기 (신고일 기준)
		2024.3.1. 이후
학교폭력 조치상황 관리	1. 피해학생에 대한 서면사과	졸업과 동시
	2. 피해학생 및 신고·고발 학생에 대한 접촉, 협박 및 보복행위(정보통신망을 이용한 행위 포함)의 금지	
	3. 학교에서의 봉사	
	4. 사회봉사	졸업일로부터 2년 후 ※ 졸업 직전 심의를 통해 졸업과 동시 삭제 가능
	5. 학내외 전문가, 교육감이 정한 기관에 의한 특별교육 이수 또는 심리치료	
	6. 출석정지	졸업일로부터 4년 후 ※ 졸업 직전 심의를 통해 졸업과 동시 삭제 가능
	7. 학급교체	졸업일로부터 4년 후 ※ 졸업 직전 심의를 통해 졸업과 동시 삭제 가능
	8. 전학	졸업일로부터 4년 후
	9. 퇴학처분	삭제 대상 아님

<초등학교 2학년~6학년>, <중·고등학교 2, 3학년>

학교생활 기록부 영역	가해학생 조치사항	삭제시기 (신고일 기준)		
		2024.3.1. 이후	2023.3.1.~ 2024.2.29.	2023.2.28.이전
행동특성 및 종합의견	1. 피해학생에 대한 서면사과	졸업과 동시	졸업과 동시	졸업과 동시
	2. 피해학생 및 신고·고발 학생에 대한 접촉, 협박 및 보복행위(정보통신망을 이용한 행위 포함)의 금지			
	3. 학교에서의 봉사			
출결상황 특기사항	4. 사회봉사	졸업일로부터 2년 후 ※ 졸업 직전 심의를 통해 졸업과 동시 삭제 가능	졸업일로부터 2년 후 ※ 졸업 직전 심의를 통해 졸업과 동시 삭제 가능	졸업일로부터 2년 후 ※ 졸업 직전 심의를 통해 졸업과 동시 삭제 가능
	5. 학내외 전문가, 교육감이 정한 기관에 의한 특별교육 이수 또는 심리치료			
	6. 출석정지	졸업일로부터 2년 후 ※ 졸업 직전 심의를 통해 졸업과 동시 삭제 가능		
행동특성 및 종합의견	7. 학급교체	졸업일로부터 4년 후 ※ 졸업 직전 심의를 통해 졸업과 동시 삭제 가능	졸업일로부터 2년 후 ※ 졸업 직전 심의를 통해 졸업과 동시 삭제 가능	졸업과 동시
인적·학적사항 특기사항	8. 전학	졸업일로부터 4년 후	졸업일로부터 2년 후	졸업일로부터 2년 후 ※ 졸업 직전 심의를 통해 졸업과 동시 삭제 가능
	9. 퇴학처분	삭제 대상 아님	삭제 대상 아님	삭제 대상 아님

출처 - 찾기 쉬운 생활 법령 정보(easylaw.go.kr)

Q: 아들이 학교에서 친구와 갈등이 생겨서 싸운 것 같습니다. 우리 아이는 때리지 않았는데도 처벌을 받을 수 있나요?

A: 일방적으로 괴롭힘이나 폭력을 당한 게 아니고 친구끼리 다툰 거라면 서로 욕설이 오고 갔을 가능성이 많습니다. 욕설도 언어폭력으로 간주하기 때문에 이런 경우에는 일방적인 피해자라고 보지 않습니다. 그러나 친구끼리 사소하게 다투고 욕설을 했다고 폭대위가 열리고 징계 처분을 받아서 생기부에 기록되는 것은 아닙니다. 사안에 따라서 벌점을 받을 수도 있고 담임 재량으로 다른 지도를 받는 것으로 끝날 수도 있습니다.

 학교는 작은 사회이지만 교육기관이라 사법기관에서의 처리와는 조금 다른 면이 있는 것 같습니다. 고등학교 때의 저처럼 한 대도 못 때리고 맞기만 했어도 욕설을 했기 때문에 만약 폭대위가 열렸다면 언어폭력으로 인한 서면 사과 처분 정도가 내려질 가능성이 높습니다. 물론 많이 때린 쪽에 교내 봉사 이상의 처분이 내려지겠지만 어찌 됐든 쌍방 폭행이 되는 셈입니다.

 사실 친구들끼리 잘 놀다가 싸우고 화해하고 하는 경우는 폭대위까지 가는 일이 거의 없습니다. 하지만 이때 주의해야 할 점이 같은 반이라고 해서 다 친구는 아니라는 점입니다. 그래서 같은 반이라도 서로 친구가 아니라고 하거나 한쪽만 친구라고 주장하는 경우는 폭대위까지 가는 일이 종종 생깁니다.

최근의 학교는 피해를 당하는 아이의 의견을 결코 가볍게 듣지 않습니다. 그것이 물리적인 폭력이건 사이버 폭력이건 심상치 않은 움직임이 포착되면 담임교사를 포함한 선생님들이 적극 개입합니다. 몇 년 전, 남중에서 3학년을 맡았을 때 아이들을 통해서 우리 반 아이 한 명이 다른 반 아이에게 괴롭힘을 당하는 것 같다는 이야기를 들은 적이 있습니다. 우리 반 아이를 불러 사실을 확인하고, 선생님이 조치해주겠다고 말했습니다. 아이는 반신반의하는 눈치였지만 아이를 잘 설득해서 보냈습니다. 그러고 나서 괴롭혔다는 다른 반 아이를 불러 말했습니다.

"우리 반 아이가 싫어하니 가서 사과하고 절대 이전과 같은 행동을 하지 마라. 내가 쉬는 시간, 점심시간마다 가서 확인할 거다. 같은 일이 또 벌어지면 그때는 너희 담임 선생님, 학부모님께 알리고 학교 폭력에서 정해진 절차대로 처리할 거다."

선생님까지 끼어들지는 몰랐던지 이 아이는 바로 우리 반 아이에게 가서 사과를 했고 그 후 두 번 다시 갈등을 일으키지 않았습니다. 졸업할 때 우리 반 아이가 나에게 '그때 괴롭히던 아이가 자기에게 와서 미안하다고 사과하는데 통쾌했다. 선생님이 정말 고마웠다.'라고 편지를 적어 보냈더라구요. 뿌듯했습니다.

학교 폭력은 주로 선생님이 없는 곳에서 벌어진다는 점에서 교사들도 어려움을 겪습니다. 하지만 주변의 친구 일을 모르는 척하지 않고, 자신이 당한 부당한 폭력을 그냥 넘어가지 않는 이상 분명히 해결할 수 있는 방법이 있습니다. 몇 년 전 선배들이 그랬던 것처럼 지금의 아이들에게도 친구의 어려움을 모른척하지 말고 목소리를 내달라고 가르치고 있습니다. 선생님들도 폭력 없는 학교를 만들기 위해 적극적으로 개입하면서 계속 노력하고 있구요. 학부모님들께서도 이러한 노력들을 알아주셨으면 좋겠습니다.

장성민쌤의 TIP

> 선생님들이 적극적으로 개입하여 예방하고 해결하도록 돕습니다.
> 어른들이 보호해 주는 이상, 쉽게 건드리지 못합니다.

장성민쌤의 응원 메시지

> 조금 덜 재미있어도 괜찮아.
> 다 귀한 집 자식이니까 서로 상처받지 않게 노력하자.

3.

때려서 훈육하지 않는다

---◆---

체벌

장성민쌤의 보이는 남학교!

저도 맞는 게 싫었어요

장성민쌤은 퇴근 후 동네 놀이터에 있었다. 초등학교 고학년인 첫째
가 놀고 있었기 때문이다. 놀이터에는 첫째의 친구 부모님들이 함께
있었다. 장성민쌤이 고등학교 교사인 것을 알고 부모들이 장성민쌤에
게 말을 걸었다.

"민종이 아버님 학교 다니실 때도 체벌 있었나요?"
"네, 당연하지요. 저도 자주는 아니었는데 가끔 맞았어요. 저희는 아이스하키 스틱으로 맞았어요."

"저희 학교도요. 왜 하필 아이스하키부가 있었을까요."

"맞아요, 저희 학교도 인근 학교 아이스하키부에서 부러진 스틱을 가져온다는 소문이 있었어요. 그 끝에 테이프를 감고, 그걸로 맞는 거지요. 진짜 너무너무 아팠어요. 어머님은 여학교 나오셨다고 들었는데, 거기도 체벌이 있었나요?"

"네, 저희도 뺨도 맞고 자로 허벅지도 맞고 그랬어요. 저도 맞는 거 진짜 싫어했어요."

"아이고, 그러셨구나. 저희는 주로 스틱으로 허벅지를 맞았는데 몇 대 맞고 나면 며칠 동안 너무 아파서 의자에 제대로 앉을 수도 없었던 것 같아요. 그래서 저는 발바닥에 맞겠다고 했는데 그러면 또 바닥에 발을 대고 있을 수가 없고 그랬던 것 같아요. 그래서 저는 오히려 그냥 뺨 맞는 게 제일 좋았어요."

"뺨이요? 왜요?"

"별로 안 아프니까요. 거의 한 대 맞고 끝났던 것 같아요. 어느 날 숙제를 다 못해 갔나 아무튼 맞을 일이 생겼는데요. 선생님께서 웃으면서 '이놈 이거 많이 맞아야겠네.' 하시더라구요. 그래서 제가 눈치 없이 '왜요?' 했는데 그 선생님이 바로 다가와서 뺨을 철썩 때리셨어요. 싸가지 없다고 막 화를 내시고 가더라구요. 근데 놀랍게도 그걸로 끝이었어요. 아이스하키 스틱으로 멍들 때까지 맞을 줄 알았는데, 생각보다 괜찮다는 생각이 들더라구요. 그다음부터는 차라리 뺨 맞는 걸 더 선호했던 것 같아요."

"이런, 뺨 맞는 게 차라리 더 좋았다니 진짜 너무했어요. 요즘은 체벌 아예 없어졌지요?"

"네, 지금은 아예 없어요. 우리 아이들이 나중에 학교에 가도 맞고 오는 일은 없을 거예요. 잘된 일이지요."

더 이상 체벌은 없다

2024년 현재 아직도 체벌이 남아있는 학교가 있다는 말은 들어본 적이 없습니다. 제가 학교를 다니던 1990년대, 2000년대 초반까지도 분명히 체벌은 존재했습니다. 2000년대 후반에 교생을 나왔을 때도 다른 교생 선생님들이 학생들이 맞는 걸 보았다고 이야기하는 걸 들었을 뿐입니다. 그 이후로는 체벌 현장을 목격한 적이 없습니다. 그만큼 학교 현장에서 체벌은 이제 자취를 감추었다고 볼 수 있습니다. 대신 학생들을 지도하기 위한 방법으로 상벌점 제도 등이 시행되고 있습니다.

다만 이런 경우는 있습니다. 남학생들은 가만히 잔소리 듣는 시간을 못 견디는 편입니다. 그럴 때 학생이 먼저 차라리 몇 대 맞고 끝내면 안 되냐고 요청하기도 합니다. 교사가 이에 합의했을 때 자로 손바닥을 때린다든지 하는 방식으로 체벌이 이루어지는 경우는 본 적이 있습니다. 인터넷에서도 직장인들이 뭔가 잘못을 했을 때 학생 때처럼 몇 대 맞고 끝났으면 좋겠다고 하는 걸 봤는데 그런 비슷한 마음에서 오히려 체벌을 요청하는 게 아닐까 합니다. 그러나 이런 경우에도 예전처럼 피멍이 들도록 때리지는 않습니다. 손바닥 대신 책상을 쳐서 소리만 요란하게 나게 하거나 휘두르는 시늉만 하기도 합니다. 이때 절대 위협적인 분위기를 만들지는 않습니다. 웃고 넘어가는 분위기일 때나 가능한 일입니다.

Q: 저도 선생님들께 막대 자, 빗자루 같은 걸로 맞고 자란 세대인데요. 이 말 안 듣는 아들자식 키우다 보면 차라리 좀 때렸으면 좋겠다는 생각이 자주 들어요. 선생님은 어떻게 생각하세요?

A: 그렇죠, 저도 그런 생각은 자주 합니다. 하지만 실제로 때리지는 못하겠더라구요. 시대 흐름을 따라가려는 노력은 해보려구요.

결국 체벌은 폭력이고 학대라고 생각합니다. 사전을 찾아보니 폭력은 거칠게 제압하는 힘, 학대는 괴롭히거나 가혹하게 대우하는 것이라고 하네요. 미성년자인 어린 아이들을 거칠게 제압하거나 괴롭히는 일을 교사가 해서는 안 될 것 같은 생각이 듭니다. 물론 교사도 부족한 인간이기 때문에 365일 내내 사랑으로만 가르치고 이끌어 나가는 것은 불가능하지요. 그러기에 효율적인 학생 지도를 위해서는 상벌점 제도와 같이 더 나은 시스템을 개발하여 시스템 안에서 통제가 이루어지는 것이 가장 우선이라고 생각합니다.

어머님처럼 저도 어릴 때 체벌을 당한 세대잖아요. 그런데 어쨌든 맞고 나면 하루 종일 머릿속에 고운 말이 떠오르지 않았던 기억이 납니다. 하루 종일 속으로 욕하는 거죠. 이제 우리 아이들은 이런 부당한 대우를 받지 않는다는 사실이 당연하게 느껴지고 한편으로는 기쁩니다. 그럼에도 불구하고 만약 아이가 부당하게 체벌을 당했다면, 그냥 넘어가서는 안 됩니다. 바로 담임교사에게 연락해서 해당 교사의 사과를 요청하고 재발 방지를 약속받아야 합니다. 그래야 학생들이 자신은 부당한 일을 당한 것이고, 자신이 소중한 인간이며 존중받고 보호받고 있음을 느낄 수 있기 때문이지요.

장성민쌤의 TIP

> 체벌은 폭력입니다.
> 당연히 용납될 수 없습니다.

장성민쌤의 응원 메시지

> 악습은 사라져야 해. 함께 노력하면 더 좋은 시스템을 만들 수 있어!

4.

요즘 아이들은 담배 많이 안 피운다

흡연

담배를 깨무는 방법

장성민쌤은 퇴근 후 동네 놀이터에서 첫째 친구 아빠와 대화를 나누었다.

"네, 저는 노담(No 담배=비흡연자)이에요. 담배라고는 입에 한 번 대 본 적도 없었는데요. 사실, 입에 한 번 대 본 적만 있어요."

"입에 대 보셨다구요? 언제요?"

"1학년 때 첫 동기 MT를 간 적이 있는데요. 동기들이 심심하게 가지 말고 특별히 콘셉트를 잡아 보자는 제안을 했었어요. 〈엽기적인 그녀〉 영화 아세요? 거기 전지현, 차태현이 교복 입고 나이트클럽에 갔잖아요. 그것처럼 우리도 교복을 입자는 의견이 나왔었어요. 그때 저는 교복이 없어서 교회 동생들한테 겨우 빌려서 입고 갔어요. 그 당시에는 제가 보기에도 의외로 잘 어울리더라구요. 고3 때 갑자기 찐 살을 20kg 넘게 뺐었거든요. 그래서 MT 가서도 신이 난 상태였는데, 같이 어울리던 동생들이 너무 모범생 같아 보인다고 하더라구요. 그래서 '그럼 뭐 담배라도 한 대 물어줘?' 했더니 주변에 있던 동기들이 다 같이 신이 나서 달려들었어요. 일단 자세는 쪼그리고 앉은 자세여야 한다. 다리는 절대 오므리지 마라. 쩍벌이어야 한다. 눈은 크게 뜨면 안 된다. 게슴츠레하게 떠라. 운동화 안 된다. 슬리퍼로 갈아 신자.

Photo by 김영수

동기들이 원한 게 이런 느낌이었나 보다.

엉겁결에 요구사항을 다 받아들이니까 사진기와 함께 담배가 등장하더라구요. 들이미는 사진기 앞에서 담배 한 대를 받고 입에 물었는데요. 툭 하고 떨어지는 거예요. 저는 몰랐어요. 담배를 입술로 무는 게 아니더라구요. 그 꼴을 보고 담배를 준 동생이 미간을 찌푸리면서 소리치더라구요. '형! 이빨로 물어야지! 앞 이빨로! 꽉!' 앞니인지 어금니인지 모르겠지만 어쨌든 그 상태로 담배를 꼬나물고 사진 한 장 찍었던 것 같아요."

"와, 정말 희귀한 사진이겠는데요? 그 사진 가지고 있으세요?"

"아니오, 불태워 버렸어요."

요즘 남학교는

라이터만 가지고 있어도 벌점입니다.

학생들의 흡연은 여전히 교칙으로 금지되어 있습니다.

◎ 2023학년도 우리 학교 학생생활규정 [벌점 부여 기준]

○ 교내외 흡연(관련 물품 소지 포함)(1회)

   – 벌점 20점

   – 학부모(보호자) 내교 및 상담

○ 교내외 흡연(관련 물품 소지 포함)(2회부터 매 적발 시)

　– 생활교육위원회 상정 및 징계 처분

　흡연을 하는 것은 물론 담배나 전자담배, 라이터 등을 가지고 있기만 해도 무거운 벌점을 받게 됩니다. 담배 냄새가 나는 등 흡연을 했다는 강한 의심을 받게 되면 흡연 여부를 검사하는 시약을 씁니다. 검사 결과 흡연한 것으로 밝혀지면 역시 벌점이나 징계를 받게 됩니다.

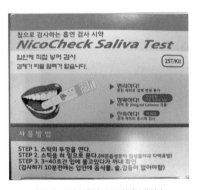

흡연 검사 시약, 생활지도부나 학년부에 있다.

　최근에는 흡연하는 학생이 통계상으로도 줄어들고 있다고 합니다. 실제로 현장에서도 그렇게 느낍니다. 제가 근무하는 학교에서도 담배 냄새를 맡는 일은 거의 없기 때문입니다. 이전에는 누가 교실 커튼을 치고 숨어 있어서 들춰 보면 담배나 전자담배를 피우고 있었습니다.

최근에 누가 또 커튼 치고 숨어 있길래 들춰 보았더니 과자를 먹고 있었습니다.(애들이 달라고 하는 게 싫었답니다.)

Q: 아이가 친구들 영향을 크게 받는 편인데 담배 피우는 친구와 어울릴까봐 걱정됩니다. 선생님은 반 아이들 중에 누가 담배를 피우는지 다 알고 계시나요?

A: 사실 어느 누가 담배를 피우는지 아닌지는 정확히는 모릅니다. 하지만 분명히 누군가는 피우는 녀석이 있겠지요.

저는 부모님이나 가까운 어른들 중 아무도 담배를 피우지 않으셨고 저도 그래서 담배를 배우지는 않았습니다. 그런데 그래서 오히려 불편한 순간들이 꽤 있었어요.

어릴 때 재미있게 보았던 TV 프로그램 〈테마게임〉에서 학생 흡연을 화제로 다룬 에피소드가 나온 적이 있습니다. 그때 패널들이 학생들이 담배를 피우는 것은 '영웅심' 때문이라고 했었습니다. 괜스레 '나는 영웅심이 부족한가.' 하는 조바심이 들었습니다. 군대에서는 흡연자들에게만 주어진 발언권이 존재했습니다. '담배 한 대 피우고 하자.'

라며 당당하게 하던 일을 멈추자고 제안하는 것. 저에게는 참 부러운 일이었습니다. 비흡연자는 아무 말 없이 일만 해야 했으니까요.

하지만 20대 후반 이후부터는 나에게 담배를 권했던 친구들이 사과를 하기 시작했습니다. 자기가 미안했다고. 자기도 이제 끊고 싶은데 못 끊어서 피우고 있다고. 30대 후반이 지나가면서부터는 운동할 때 나보다 더 숨이 차서 힘들어하는 사람들 대부분이 흡연자라는 것도 발견하게 되었구요. 최근에는 동료 선생님들 중에도 흡연자가 줄어들고 있어서 이제 학교 전체에서 한 손으로 다 꼽을 수 있을 정도입니다.

저는 일단 담배 피우는 아이들을 이해해 주려고 합니다. 남중 남고를 나온 선배로서 이 아이들이 어떤 환경에 노출되어서 어떤 순간을 맞이했고 어떤 선택을 했을지 어느 정도 이해할 수 있습니다. 하지만 제가 겪은 담배는 결국 해롭기만 한 것이었습니다. 선배이면서 교사인 입장에서 흡연 예방 교육 차원에서 말해주겠습니다.

"세상에 좋은 거, 정말 많다. 그것들 하나씩 하나씩 다 해 봐야 될 거 아니니. 하지만 그 좋은 것들 중에, 담배는 없다. 우리 좋은 것만 하자, 좋은 것만."

장성민쌤의 TIP

> 이전보다는 덜 피웁니다.
> 그래도 담배 피우는 환경에 덜 노출되도록 신경 써 주세요.

장성민쌤의 응원 메시지

> 학생이 해서는 안 될 것, 빼고 다 해 보자!

5.

중고등학생이 염색, 파마? 해도 된다

◆

두발 자유화

장성민쌤의 보이는 남학교!

Just One 10 Minutes, 이발이 되는 시간

학부모 상담으로 장성민쌤과 비슷한 또래의 아버지가 오셨다. 출신 고등학교도 서로 가까운 곳이어서 반가운 마음에 장성민쌤과 대화를 나누었다.

"아버님, 저희 학교에 예전에 이발소 있었던 것도 아세요? 아시는군요. 이거 아시는 분들 많지 않은데."

"예전 매점 근처에 있었던 것 같은데요."

"맞습니다. 예전에 매점도 있었는데 그 건물 아래층에 있었어요. 크진 않았어요. 의자가 한 서너 개 있는 작은 이발소였어요."

"이발비가 꽤 싸지 않았나요?"

"저 다닐 때 아마 2,500원이었을 거예요. 20여 년 전이었지만 그래도 아주 저렴한 가격이었어요."

"그 정도면 안 갈 수가 없었겠네요."

"그렇지요. 친구들이 이발한다고 집에서 돈 받아서 학교 이발소에서 머리를 자르는 거예요. 남은 돈으로 오락실이나 피시방에 가더라구요. 그래서 저도 가기 시작했지요."

"그러셨군요. 이발사 아저씨 손이 빠르셨다고 친구들한테 들었던 것 같아요."

"맞아요. 제가 처음 학교 이발소 갔을 때 점심시간이었는데요. 이발사 아저씨 손이 정말 빠르셨어요. 한 손에는 이발기 들고, 한 손에는 가위 들구요. 일단 이발기로 한번 쫙 밀어요. 그러는 동안 가위는 쉼없이 움직이면서 허공을 잘랐어요. 이발기 내려가면 가위가 올라와서 순식간에 서걱서걱 잘라내더라구요. 제 앞에 한 명 자르고 있었는데 기다리는 시간, 제 머리를 자르는 시간 다 10분씩을 넘기지 않았어요. 점심시간 중에 갔었는데도 끝나는 종 치기 전에 교실로 돌아왔을 정도였어요."

"하하하, 그때 생각나네요. 어차피 머리스타일이 다 똑같았잖아요."

"교실에 들어오니까 똑같은 머리를 한 아이들이 40명씩 앉아 있더라구요. 그 광경이 참 편안했던 것 같아요."

"네, 저희가 비슷한 또래라서 그런지 확실히 공감대가 많은 것 같습니다."

완전한 두발 자유화가 실현되었다

현재 우리 고등학교는 두발 자유화가 실현되어 있습니다. 2024년 현재 재학 중인 고등학생들은 태어나서 한 번도 두발 규제를 받아 본 적이 없다고 합니다. 그래서 저도 작년부터는 아이들 두발 상태에 대해 잔소리를 하지 않았습니다. 제가 근무하는 학교의 교칙 및 상벌점 제도 상에는 용의복장 항목 중 '두발 상태 불량–지나치게 화려한 염색(시정 권고)'이 존재합니다. 하지만 이에 대한 벌점은 존재하지 않고 다만 시정을 권고하는 것에 그칩니다(2023학년도 기준).

장발과 단발, 파마머리와 갈색머리의 남학생들이 보인다

요즘 남학생들의 헤어스타일은 이전 세대들이 보기에는 파격적으로 보일 수도 있습니다. 단발도 있고 장발도 있습니다. 그래서인지 가끔 복도에서 교실을 들여다보면 흠칫할 때가 있습니다. 긴 생머리나 단발머리가 보여서 여선생님께서 쉬는 시간에 들어오셨나 하다가도 교복 입은 남학생의 얼굴을 확인하고는 허허 웃게 됩니다. 학생이 파마를 하고 나타나면 잘 됐는지 얼마만큼 잘 어울리는지를 이야기해 주기도 하고, 제가 다니는 미용실을 추천해 주기도 합니다.

웨이브 펌을 한 학생들도 종종 있고, 갈색 등으로 염색한 아이들도 있습니다. 아직 제가 근무하는 학교에서는 노랗게 탈색한 학생은 보지 못했습니다. 눈에 띌 만큼 탈색을 한 아이가 보이면 연예 기획사에 소속된 같은 울타리 안의 남중 학생이거나 수능이 끝난 후 고3 아이들 몇몇인 경우입니다. 탈색이 교칙 위반은 아니지만 대개는 알아서 안 하는 분위기입니다.

학부모 상담

Q: 아들이 이번에 남중에 들어갑니다. 그런데 우리 아이가 웨이브 펌에 머리색도 화려한 걸 좋아하는데요. 그래도 중학교인데 입학 전에 검은색으로 바꾸고 들어가야 하지 않을까요?

A: 아드님도 같은 생각인가요? 아드님이 원하시는 스타일과 색상으로 해 주셔도 괜찮습니다.

저는 긴 생머리, 단발머리, 파마머리 모두 자유로워 보여서 좋더라구요. 오히려 초등학생 때는 자유롭게 펌도 하고 염색도 하고 다녔잖아요. 육체적, 정신적으로 더 성숙한 중고등학생의 두발을 규제한다는 것 자체가 억지스럽게 느껴집니다.

학교에서 아이들을 보면 아이들 백 명이 하나하나 다 다릅니다. 각자 다 달라서 매력이 있고 아름다운데 굳이 한 가지 틀에 넣고 맞춰야 할 필요가 있을까요. 20년 전 학교 이발소가 저에게는 즐거운 추억이었지만 지금은 사라졌듯이, 두발 규제도 이제 어른 세대의 추억으로만 남고 아이들에게는 존재하지 않는 개념일 수도 있겠다는 생각이 듭니다.

검은색 머리가 단정한 학생답다는 생각도 지금의 아이들에게는 존재하지 않는 개념일 수 있지 않을까요? 이 기회에 아드님이 생각하는 중학생의 헤어스타일은 무엇인지 들어보는 것도 좋을 것 같습니다.

장성민쌤의 TIP

> 염색, 파마 가능합니다.
> 어떤 스타일을 선호하는지 관심을 가져주세요.

장성민쌤의 응원 메시지

> 나는 너희들의 스타일이 다양해서 좋아.
> 자기한테 잘 어울리는 모습을 찾는 것도 공부다!

III.

요즘 학교,
많이 좋아졌다

학교 환경

1. 학급 환경 ◆ 남학교 교실에는 ○○이 없다

2. 종교 ◆ 미션스쿨에 불교인 학생도 있다

3. 출석 ◆ 질병 결석 며칠은 점수 안 깎인다

4. 급식 ◆ 학교 밥이 맛없다고 하는 이유

5. 자기주도학습 ◆ 이름만 바뀐 야자

1.

남학교 교실에는 ○○이 없다

학급 환경

장성민쌤의 보이는 남학교!

학부모님이 내 친구의 사촌 누나

학부모 상담으로 한 어머니가 학교에 방문해서 상담실에 장성민쌤과 마주 앉았다. 문득 어머니가 익숙한 이름을 이야기했다.

"선생님 혹시 허훈훈(가명) 아세요?"

"훈훈이요? 제 고등학교 친구인데요. 어머님께서 훈훈이를 어떻게 아세요?"

"훈훈이 제 사촌 동생이거든요."

"아, 사촌 누님이셨구나. 이렇게 뵈니까 정말 반갑네요."

"훈훈이랑 친하시지요?"

"네, 제가 고등학교 1학년이었던 1998년에 훈훈이 처음 만나서 친해졌지요. 같은 반 된 적은 없는데 어쩌다 보니까 친해지게 됐어요."

"다른 반인데 어떻게 친해지셨어요? 그때는 학생 수 많아서 다른 반이어도 잘 모르지 않았나요?"

"그렇긴 한데요. 그때 다른 친구가 서로 소개해 줘서 알게 됐어요. 다른 친구랑 함께 복도를 걸어가고 있었는데 저 앞에 덩치가 엄청나게 큰 사람이 걸어오고 있더라구요. 저는 당연히 1학년 아닌 줄 알았어요. 훈훈이가 지금도 물론 수염이 많지만, 이미 그때부터 별명이 산적이었어요. 굉장히 인상적이었던 게 외모는 그렇게 험상궂은 애가 다른 친구한테 달려와서 악수를 하더라구요. '아이고, 김 사장.', '아이고, 허 사장.' 하면서요. 마치 5, 60대 기업인이나 정치인 같았어요. 너무 능청스러워서 정말 빵 터졌었어요."

"재훈이는 훈훈이처럼 능청스럽지는 않지요?"

"네, 재훈이는 조용한 편이고 착해요. 그런데 재훈이도 덩치가 꽤 큰 편이더라구요. 그런 점에서 훈훈이랑 비슷한 느낌이 있네요."

"저는 재훈이 책상이 작을까 봐 걱정이었어요."

"아직은 1학년이라 그런지 책상, 의자가 작아 보이지는 않았어요. 그런 게 걱정되시는군요. 저희 학교 다닐 때보다 다행히 인원수가 많이 줄었어요. 저 고등학교 1학년 때 한 반 인원이 대략 40여 명이었어요. 지금은 그거에 비하면 반 정도밖에 안 됩니다."

"그렇구나. 선생님은 2학년 때는 문과셨어요, 이과셨어요?"

"저는 이과였습니다. 훈훈이는 문과 갔었구요. 지금 재훈이는 그런 게 없지만 그때 훈훈이는 좀 힘들었을 거예요. 어느 날 제가 훈훈이 보러 쉬는 시간에 문과반에 처음 놀러 갔다가 깜짝 놀랐거든요. 문과 반 인원이 50명이 넘었는데 정말 사람으로 가득 차서 교실은 너무 비좁아 보이더라구요. 사람 수가 너무 많다 보니 훈훈이 찾는 것도 힘들었어요. 훈훈이를 못 찾는 것도 사실 쉬운 일이 아니잖아요. 하여튼 제가 놀라서 입을 쩍 벌리고 훈훈이를 찾았는데 간신히 찾았어요. 교실 제일 뒤에서 두 번째 자리에 앉아 있더라구요. 앞뒤 책상 간격이 좁은지 책상에 바짝 붙어서 굽은 새우등을 하고 엎드려 있었어요. '아이고, 장 선생!' 하면서 훈훈이가 힘겹게 일어나서 정치인처럼 악수를 청했었는데, 아직도 그때 그 교실 풍경이 생각이 나요. 훈훈이의 그 굽은 새우등 생각하면, 재훈이는 그래도 좋은 환경에서 다니게 된 것 같아서 다행이에요."

딱 이 모습이었던 내 친구 훈훈이.

요즘 중고등학교는 한 반에 몇 명? 대략 20~30명!

올해 제가 근무하는 학교 1학년의 학급 당 인원수는 대략 25명 내외입니다. 3월에 25명 정도였던 것에 비해 지금은 각 반에 한두 명씩 인원이 늘기도 하고 줄기도 했습니다. 그래도 28명을 넘는 반은 없습니다. 학년 간 차이는 있습니다. 3학년 역시 한 반에 25명 내외이지만 2학년의 경우는 거의 30명입니다. 인근 중학교의 학급 당 인원수 역시 20에서 30 사이라고 합니다. 과밀 학급인 경우에는 30명이 넘는 경우도 꽤 있다고 들었습니다. 그래도 40명을 넘는 경우는 최근에 거의 들어본 적이 없습니다. 문과 반이 50명이 넘던 20여 년 전보다는 확실히 많이 줄어들었습니다. 수년 전에는 평균적으로 33~34명이었으니 날이 갈수록 점점 줄어들고 있는 추세입니다.

교실에는 어떤 물건들이 있고, 어떤 물건이 없을까?

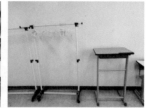

기본적으로 사물함이 있고, 서서 수업을 들을 수 있는 키다리 책상, 대형 모니터, 시스템 에어컨과 공기청정기도 들어와 있습니다.

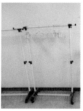

최근에는 한 학급 전체가 쓸 수 있는 우산꽂이가 들어왔고, 학급에 따라 외투용 행거를 놓은 교실도 있습니다.

남학교답게 게시물 칠판에는 저런 축구 선수 사진들이 붙어 있습니다. 당연히 손흥민 사진이 붙어 있는 반도 있습니다. 물론 어떤 반에는 에스파, 뉴진스, 아이브 등 걸그룹 사진이 붙어 있기도 합니다.

별의별 물건이 다 있는 남학교 교실에 단 하나 없는 것이 있습니다. 무엇일까요?

정답은 바로 '**거울**'입니다.

교사로 근무하던 기간과 남중 남고 학생이던 시절까지 떠올려 봐도 남학교 교실에 거울이 달려 있던 적은 단 한 번도 없었습니다. 이유는 파손 위험 때문입니다. 위험 방지 차원에서 깨질까봐 갖다 놓지 않은 것입니다.

반대로 여학교 교실에는 거울이 있었습니다. 하나만 있는 게 아니라

아주 많았습니다. 여학교에 처음 근무하게 되었을 때는 학생들이 책상마다 하나씩 손거울을 올려놓고 있는 것이 문화 충격이었습니다.

Q: 두 학교 중에 어느 학교를 보낼지가 고민입니다. 한 학교는 다 마음에 드는데 과밀 학급이라 학급 당 인원수가 많은 편이구요, 다른 학교는 조금 마음에 들지 않는 부분이 있기 한데 학급 당 인원수가 훨씬 적더라구요. 어느 학교를 보내는 게 좋을까요?

A: 저는 학급 당 인원수는 적으면 적을수록 좋다고 생각합니다. 학생이 적을수록 교실 내에서 학생 한 명이 활용할 수 있는 공간이 늘어나거든요. 코로나와 같은 시국에서 거리두기도 더 용이하고 선생님들이 한 명 한 명의 학생에게 시선을 주는 시간도 학생이 적을수록 더욱 늘어날 수밖에 없기 때문입니다.

그러나 학교를 선택하는 것은 학급 당 인원수라는 하나의 요소만으로 결정할 수 있는 일은 아니지요. 학교의 전체적인 분위기도 봐야 하고, 통학 거리나 소요 시간도 중요합니다. 다른 조건들이 같다면 당연히 학급 당 인원수가 적은 곳을 추천합니다. 단, 고등학교의 경우라면 학년 전체 인원이 많은 학교를 학생이나 학부모들이 더 선호하는 경향은 있습니다. 예를 들어 A학교는 한 반에 25명인데 4반이라면 한 학년이 100명인 것이고, B학교는 한 반에 25명인데 10반이라면 한 학년이 250명인 것이지요. 이때 한 학년 전체가 듣는 과목에서 1등급을 받으려면 A학교는 전교 4등 안에 들어야 하지만 B학교는 전교 10등까지도 1등급을 받을 수 있는 것입니다. 4명보다는 10명 안에 들어가는 게 더 수월하게 느껴질 것입니다. 2등급, 3등급은 인원수가 더 많으니 아무래도 B학교가 조금 더 내신 등급 따는 것이 유리하다는 것이 일반적인 생각입니다.

장성민쌤의 TIP

> 교육의 질을 위해서는 인원수 적은 곳 추천!
> 내신 경쟁을 위해서는 인원수 많은 곳 추천!

장성민쌤의 응원 메시지

> 학교는 내가 졸업하고 나서 더 좋아지는 거야.
> 여러분이 있던 공간, 더 아름답게 만들자!

2.

미션스쿨에 불교인 학생도 있다

◆

종교

신앙의 힘이다

장성민쌤은 학부모 기도 모임에서 간증해 줄 것을 요청받고 모임에 참석하였다.

안녕하세요, 올해 1학년부장을 맡고 있는 장성민입니다. 저도 교사 기도 모임에 있습니다만 이렇게 학부모 기도 모임에서 불러주시니 감사합니다. 사실 저는 모태 신앙은 아닙니다. 제대로 교회를 다니기 시작한 건 수능 끝나고부터였어요. 신앙을 가지게 된 건 학교 영향이 컸던 것 같습니다. 제가 다닌 고등학교가 미션스쿨이었거든요.

고등학교 때 가장 기억나는 사건이 하나 있는데요. 1학년 때 같은 반 친구 아버지께서 돌아가셨습니다. 굉장히 젊은 나이셨던 것 같아요. 지금의 저와 비슷하시거나 약간 더 많으신 정도. 장례 때문에 며칠 친구가 학교에 못 나왔어요. 그런데 담임 선생님께서 반장인 저랑 부반장 친구를 부르셨어요. 그 친구 집에 가자고 하시더라구요. 그래서 따라갔습니다.

친구 집에 들어갔는데요. 제가 생각한 분위기와 많이 다르더라구요. 저는 굉장히 어둡고 침울할 줄 알았거든요. 그런데 생각보다 집이 밝고 차분해 보였습니다. 친구 어머님을 뵈었는데요. 차분하시더라구요. 담임 선생님께서 말씀하시는 내내 거의 우시지도 않으셨어요. 친구도 옆에 앉아 있었거든요. 친구도 평온한 편이었어요. 마지막에 저희가 일어나기 전에 딱 한 번 눈물 흘리더라구요.

집 밖으로 나와서 선생님께 말씀드렸어요. 제가 생각했던 것보다 가족들이 평온해 보인다구요. 그랬더니 선생님께서 한 마디 하셨어요.

"봤지? 이게 신앙의 힘이다."

제가 기억력이 좋지 않은 편인데요. 선생님의 이 말씀은 20년 넘게 기억합니다. 단 한 글자도 틀리지 않고 그대로요. 굉장히 울림이 큰 문장이었어요. 그 친구가 기독교인이었나 봐요. '기독교인은 죽음을 영원한 이별로 생각하지 않는구나. 수십 년 후에 다시 만난다는 믿음이 있구나.' 하는 것을 깨달았습니다. 그때부터 저도 믿고 싶은 마음이 들었어요. 같은 반에 아버지가 목사님인 친구도 있었는데요. 바로 학교에 가서 그 친구한테 말했어요. 수능 끝나면 너희 교회 다니겠다구요. 그때부터 교회 다니고, 세례도 받고, 지금까지 이렇게 신앙생활을 하고 있습니다.

미션 스쿨은 '기독교 학교'입니다

미션 스쿨은 '기독교 단체에서 전도와 교육 사업을 목적으로 운영하는 학교'라고 알려져 있습니다. 학교의 설립 주체가 기독교 단체이며, 설립 목적에도 '전도'가 포함되어 있습니다. 그래서 대부분의 미션 스쿨에는 1명 이상의 교목(학교의 목사님이자 교사)이 있고, 일주일 1회 이상의 예배 시간이 있습니다.

구성원의 종교 비율은 기독교인이 더 적다?

적어도 제가 아는 여러 미션 스쿨의 기독교인 학생의 수는 그렇지 않은 학생보다 적습니다. 교사의 경우에도 기독교인이 더 많은 학교들도 있지만 비슷하거나 더 적은 학교들도 있습니다. 미션 스쿨이라고 해서 기독교인들이 대다수를 차지하지는 않는 것입니다.

종교적 분위기는 학교에 따라 다르다

학교의 종교적 분위기는 각각 학교마다 다릅니다. 전국적으로나 해당 지역에서 유명한 미션스쿨이 있는 반면에 학교 인근에서도 미션스쿨인지 잘 모를 만큼 종교적 색채가 약한 학교들도 있습니다. 어쨌거나 교회에 다니라고 강요하거나 안 다니면 눈치를 주는 학교는 거의 없습니다. 종교단체가 아닌 교육기관인 만큼 종교의 자유가 보장되기 때문입니다.

학부모 상담

Q: 아들이 미션 스쿨인 학교에 진학하고 싶다고 합니다. 저희 집안은 무교이고 교회에 거의 다닌 적이 없는데 괜찮을까요?

A: 네, 괜찮습니다. 별 상관없거든요.

사실 종교의 문제는 학교 현장에서 참 어려운 일입니다. 하지만 최근의 미션 스쿨은 확실히 이전과는 많이 다릅니다. 무교이거나 종교가 다른 학생에 대해 차별하지 않고 사이비나 이단에 대해 언급하지도 않습니다. 불특정 다수가 모이는 학교이기 때문에 특정 종교를 우위에 두거나 자신이 믿는 종교를 사이비나 이단으로 낙인 찍어버리는 일도 생겨선 안 되기 때문입니다. 예배의 경우 최근에는 한 학년씩 강당으로 가서 진행합니다. 이때 학생들에게 적극적으로 찬송하고 기도할 것을 종용하지 않습니다. 참여할 사람은 참여하게 하고 참여하지 않아도 괜찮습니다. 다만 다른 친구들에게 방해가 되지 않게 교사들이 지도할 뿐이지요. 고3 때는 아예 예배 시간이 없습니다.

개인적인 이야기이지만 오히려 종교적인 이유로도 저는 '잘 살려고' 노력합니다. 몇 해 전 재학생과의 만남 행사에 참여한 졸업생이 재학생들에게 이렇게 이야기했다고 하더라구요.

"우리 학교에서 교회 다니는 선생님들은 거의 다 괜찮았다. 담임이 되거나 수업에 들어오시면 대개들 좋아했다."

직접 전도하거나 권유하지는 않아도 이렇게 좋은 모습으로 남도록 살아야겠다고 저는 생각합니다. 교사 생활을 시작하며 읽었던 책의 제목을 좌우명처럼 여기며 살고 있거든요.

'삶으로 가르치는 것만 남는다.'

제가 잘 살아야 아이들도 그걸 보고 배우는 것 같아서요. 어떠신가요? 안심이 좀 되시나요?

장성민쌤의 TIP

> 학교에서는 종교의 자유가 보장됩니다.

장성민쌤의 응원 메시지

> 하나님은 너희를 사랑하신단다. 나도 너희를 사랑한다.

3.

질병 결석 며칠은 점수 안 깎인다

출석

장성민쌤의 보이는 남학교!

감기와 출석률

장성민쌤은 아침부터 학부모들의 전화를 여러 통 받았다. 요즘 감기가 돌고 있어 결석, 지각한다고 알리는 내용들이었다.

"안녕하세요. 세문이 담임입니다. 세문이가 어디가 아픈가요? 열이 38도가 넘는군요. 많이 아파하나요? 아이고, 그렇군요. 병원은 갈 수 있다면 병원에서 진료확인서 받으시구요. 내일 학교 와서 질병 결석 신고서 써서 진료확인서랑 같이 제출하면 됩니다. 그럼 세문이 병원 가서 진료 잘 받고 오늘은 푹 쉬게 해 주십시오. 안녕히 계세요."

"재환이 어머님, 안녕하세요. 재환이도 아픈가요? 기침을 많이 하는 군요. 이따 병원 들렀다 학교 오는 거면 병원 오픈 시간 맞춰서 갔다 가 학교로 오라고 해 주세요. 진료확인서 떼 오면 되고, 질병 지각 처 리됩니다. 재환이만 늦는 건 아니구요. 오늘 우리 반 지각, 결석이 벌 써 여러 명입니다. 요즘 감기가 또 도는 것 같습니다. 출석률이요? 어 머님, 제 블로그 글 보셨군요! 몇 년 전에 일기처럼 썼던 건데 그걸 보 셨었군요. 그때는 감염병이어서 출석률이 최악이었어요. 오늘은 그렇 게까지는 아닌 것 같습니다. 블로그 이웃이시라니 반갑네요. 아무튼 미리 연락 주시고 애써주셔서 감사합니다."

2022년 12월 22일 아침.
'선생님'
우리 반 아이에게 카톡이 왔다. 목이 살짝 아팠는데 일어나 보니 너 무 아파서 학교에 못 오겠단다. 매일 늦긴 하지만 절대 빠지지는 않는 아이인데 많이 아픈 모양이었다. 병원에 가 보라고 했다.

10분 후.
다른 아이에게 카톡이 왔다. 열이 나서 학교에 못 오겠단다. 매일 학교에 가장 먼저 와서 교실 문을 여는 아이였다. 출근 시간이 되어 답장은 하지 못하고 교무실에 도착했다.

교무실 분위기가 심상치 않았다. 오늘 빠지는 아이들이 왜 이리 많냐는 말들이 들렸다. 전화기를 보니 학생, 학부모에게서 카톡, 문자가 더 와 있었다. 총 4명이 아프다고 못 온단다. 조례하러 교실에 들어가 보니 체험학습 간 2명을 포함해서 6명의 자리가 비어 있었다. 아이들의 빈자리가 생각보다 더 커 보였다.

조례를 마치고 1교시가 끝나자 3명이 교무실에 왔다. 목이 너무 아프다, 머리가 아프다, 열이 38도를 넘었다고 난리였다. 셋 다 평소에 지각, 결석 한번 없던 아이들이었다. 이게 무슨 일이지 의아했지만 각자 부모님께 전화를 걸어 허락을 받고 조퇴증을 써서 보냈다.

"우리 반 아이들 안 이러는데 오늘 무슨 일인지 모르겠네."

혼자 중얼거리자 옆자리 선생님이 이 사태의 원인을 알려 주었다. 원인은 바로 '독감'이었다.

며칠 전, 옆 반의 한 아이가 독감에 걸렸는데 친한 친구들 몇 명이 같이 밥 먹고 놀았단다. 결국 그 친구들 중에도 독감 환자가 나오고 그게 시발점이 되었나 보다. 옆 반에 독감이 퍼지고 있으니 그 옆 반인 우리 반에도 퍼져가는 모양새였다.

그 후로도 오후에 한 명이 더 조퇴해서 24명 중 7명이 빠지고 17명만 남은 채 종례를 했다.

오늘의 최종 출석률 70%. 상당히 낮은 출석률이었다. 퇴근하고 나서 조퇴한 아이들 중 2명에게서 연락이 왔는데 결국 독감에 확진됐다는 것이었다. 내일은 결석이 더 많을 수도 있겠구나. 어렴풋이 짐작했지만 설마 싶었다.

2022년 12월 23일 아침.

아침에 눈뜨자마자 여기저기 아프다고 못 오겠다는 아이들이 3명 더 추가되었다. 출근하는 과정에도, 교무실에 도착해서도 여러 증상으로 못 오겠다는 학생들이 더 추가되었다. 다른 반들도 보니 어제보다 더 난리였다. 옆 반은 조례도 하기 전에 이미 출석률이 50%가 되지 않는다고 했다.

조례에 들어가니 우리 반도 어제보다 빈자리가 훨씬 더 많았다. 빠진 아이들을 찾는 것보다 전체 다 확인하는 것이 빠를 것 같았다. 정말 오랜만에 1번부터 끝 번호까지 출석을 불렀다. 독감 및 독감 의심 증상 때문에 빠진 아이들이 11명, 체험학습 간 아이들이 2명. 총 24명 중 결석이 13명. 반 이상이 빠지다니……. 중간에 의심 증상 있었던 아이들이 2명 등교해서 종례 때 출석 학생은 총 13명이었다.

오늘의 최종 출석률 54%. 어제의 출석률을 하루 만에 경신하는(?) 결과였다.

요즘 남학교는

지각, 결석 없으면 개근상! 3번 미만이면 정근상!

개근은 말 그대로 단 한 번의 질병, 미인정(이전에는 '무단'으로 불렸음), 기타 사유의 결과(수업에 불참한 것), 지각(늦게 등교한 것), 조퇴(일찍 하교한 것), 결석(전혀 학교에 오지 않은 것)이 없어야 합니다. 정근은 질병이나 기타 결석이 2와 3분의 2까지만 있을 때 인정됩니다. 이 말은 질병 결석이나 기타 결석이 3일이면 정근이 아니라는 것입니다. 개근과 정근은 1년 단위로 계산하고 매 학년마다 상장을 수여합니다.

질병 결석하면 대학 갈 때 감점? 미인정만 감점!

학부모나 학생들이 걱정하는 것 중 하나가 대학 진학할 때 결석 때문에 감점되는 것입니다. 결론부터 말하면 질병과 기타로 인한 출결 사항은 대학 진학에 있어 감점 요인이 없습니다. 다만 어떤 사유로든 (출석 인정 출결도 포함) 전체 수업일수 중 3분의 1 이상을 결석하게 되면 제적 처리가 됩니다. 제적 처리가 되면 명단에서 빠지는 것이기 때문에 졸업이 불가능합니다. 따라서 60일 이상 결석하는 것이 아니라면 질병이나 기타 결석은 대학 갈 때 감점되지 않는 것입니다.

그러나 미인정 출결의 경우 결과, 지각, 조퇴, 결석 중 하나만 있어도 감점됩니다. 입시에서는 1점의 차이가 당락을 좌우하기 때문에 미인정 출결이 입시에 미치는 영향은 결코 가볍게 볼 수 없습니다.

Q: 아이가 오늘 좀 아픈 것 같은데 오늘 학교 안 나가면 개근상 못 받을 것 같습니다. 조퇴하더라도 억지로라도 보내는 게 나을까요?

A: 수업 시간에 앉아 있을 수 있다면 보내시고, 그것도 힘든 상태라면 쉬게 해 주십시오.

일단 이렇게 질문하시는 학부모님의 아들 같은 경우는 매우 성실하고 착한 학생일 가능성이 높습니다. 개근상을 노릴 만큼 질병 조퇴 하나도 없었을 정도이니까요. 물론 개근상을 받으면 좋습니다. 하지만 개근상 못 받는다고 졸업하거나 대학 가는 데 지장은 없습니다. 열심히 학교에 나오려고, 되도록 빠지지 않으려고 노력하는 아이들은 모두에게 자연스럽게 '참 성실한 아이'로 각인됩니다.

실제로 대학교의 입학 사정관이 그 대학교에서 어떤 학생을 선호하는지 알려준 적이 있습니다. 그것은 '충성도'가 높고 '성실'한 학생이었습니다. 학생이 얼마나 성실한지를 증명해 보일 때 질병 결석 하나, 질병 조퇴 하나는 크게 중요하지 않습니다. 그보다 얼마나 더 학교에 열심히 나오려고 애를 썼는지를 기억해 두었다가 이를 이야기 형식 (스토리텔링)으로 어필하는 것이 훨씬 더 좋은 인상을 줄 수 있다는 것을 알아두시면 좋겠습니다.

장성민쌤의 TIP

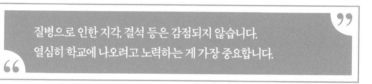

질병으로 인한 지각, 결석 등은 감점되지 않습니다.
열심히 학교에 나오려고 노력하는 게 가장 중요합니다.

장성민쌤의 응원 메시지

어디 다른 데 안 가고 이렇게 학교에 온 게 어디야. 잘했어!

4.

학교 밥이 맛없다고 하는 이유

급식

'광댓국' 나오는 날

수양이 어머니는 급식모니터링을 하러 학교에 나왔다. 장성민쌤이 식사 후 어머니에게 가서 인사를 드렸다.

장성민쌤: 어머님, 안녕하세요. 저 수양이 담임입니다. 오늘 급식모니터링 오신 거지요?

수양 엄마: 네, 선생님, 안녕하세요. 저 오늘이 급식모니터링 하는 날이라서요. 선생님 식사는 하셨어요?

장성민쌤: 네, 지금 먹고 나오는 길입니다. 어머님은 식사하셨나요?

수양 엄마: 아니요, 저는 끝나고 바로 가야 돼서요.

장성민쌤: 그러시군요. 아쉽네요. 오늘 '광댓국' 나오는 날인데요.

수양 엄마: '광댓국'이요? 아, 어쩐지. 오늘 수양이도 맛있는 거 나온다고 그러더니 아이들이 순댓국을 정말 좋아하나 봐요.

장성민쌤: 네, 우리 학교의 자랑이에요. 괜히 '광' 자가 붙는 게 아니지요.

수양 엄마: 그렇구나. 급식으로 나오는 순댓국이 맛있을 줄 몰랐어요.

장성민쌤: (목소리를 낮춰서) 솔직히 말씀드리면 처음에는 별로였어요. 십 년 전에 나왔을 때는 건더기가 순대밖에 없었거든요. 제가 완전 순댓국 마니아인데 좀 실망했었어요.

수양 엄마: 어머, 지금은 아이들이 이렇게나 좋아하는데. 그럼 맛이 점점 나아진 거예요?

장성민쌤: 네! 그때 다녔던 아이들도 저랑 생각이 비슷했나 봐요. 영양사 선생님께서도 노력을 많이 하신 것 같아요. 고기도 많이 들어가고 국물도 더 맛있어지더라구요. 그러다가 결국 최고 인기 메뉴가 되었지요. 월별 급식표 나오면 광댓국 나오는 날을 외우고 있는 아이들도 있을 정도예요.

수양 엄마: 아, 선생님, 너무 웃기네요. 애들 너무 귀여운 것 같아요.

장성민쌤: 맞습니다. 아이고, 어머님, 이제 모니터링도 끝나고 들어가셔야 되는데 제가 너무 붙잡고 있었던 거 아닌가 모르겠네요.

수양 엄마: 아니에요. 지금 가면 딱 맞을 것 같아요. 선생님, 저희 수양이 잘 부탁드립니다.

장성민쌤: 네, 어머님, 알겠습니다. 고생해 주셔서 감사합니다. 조심히 들어가십시오.

무상급식이 확대되었다

우리나라의 무상급식은 2001년 과천의 초등학교에서부터 시작되었다고 합니다. 서울의 경우 2022년 3월부터 유치원도 무상급식을 실시하여 현재는 유초중고 학생 전체가 무상급식의 혜택을 받고 있습니다. 지금 우리 아이들은 어린이집, 유치원 때부터 유상 혹은 무상으로 급식을 먹어 온 셈입니다. 당연히 학교로 도시락을 가져와서 먹을 일은 거의 없었습니다. 코로나로 인해 오랜만에 등교 수업이 재개되었을 때도 도시락 대신 급식을 먹었습니다. 장소만 급식실이 아닌 교실이라는 점이 달랐을 뿐이었습니다.

남학교의 급식 만족도는? 낮다

저는 여중과 공학중을 제외한 남중, 남고, 여고, 공학고에서 근무해 보았습니다. 각 학교에서 느낀 학생들의 급식 만족도는 여고가 가장 높고 그다음이 공학고였고, 남중과 남고의 만족도가 가장 낮았던 것 같습니다. 평소에는 반응도 없고 둔한 남학생들이 급식에서만큼은 대단히 예민한 반응을 보입니다. 선생님들이 맛있게 먹는 메뉴들이 나와도 학생들은 불만인 경우가 종종 있었습니다. 대체 왜 그럴까요?

상대적으로 많은 양을 준비해야 하기 때문이다

요즘 우리 학생들은 자신이 선호하는 메뉴가 아니면 급식 먹는 것 자체를 꺼립니다. 음식의 질을 굉장히 따지는 것입니다. 어릴 때부터 학생들은 여러 기관에서 급식을 먹어 본 경험이 있습니다. 가정과 온갖 음식점에서도 맛있는 음식들을 이전 세대보다 훨씬 더 많이 접해 보았을 것입니다. 그런데 주목할 점은, 이 학생들이 성장기 남자 아이들이라 많이 먹기도 정말 많이 먹는다는 것입니다. 맛있는 메뉴가 있는 날이면 정량 배식이 끝난 이후 추가 배식 때 더 먹으려는 줄이 길게 늘어섭니다. 수학여행에서는 식당 중 한 곳은 필수적으로 무한리필 고깃집을 넣었습니다. 가면 오래오래 앉아서 정말 끝도 없이 먹고 있는 것을 볼 수 있습니다. 비단 운동부 아이들만 그런 것이 아닙니다.

이렇다 보니 급식실에서는 같은 단가로 많은 양의 음식을 준비해야 하는 어려움이 있습니다. 남학교라고 해서 다른 학교보다 급식 예산이 더 많이 배정되지 않기 때문입니다. 여학교나 공학 학교에 비해서 급식 만족도가 낮게 나오는 이유는 바로 이 대식가들의 남다른 양 때문이 아닐까 짐작해 볼 수 있습니다.

학부모 상담

Q: 아들이 남학교에 다닙니다. 급식이 맛없다고 잘 안 먹는 것 같은데 저희 아들처럼 밥 안 먹는 아이들이 또 있나요? 괜히 선생님들께 미움받거나 그러지는 않을까요?

A: 급식 안 먹는 아이들 한 반에 한두 명에서 3명은 있는 것 같습니다. 배고플 것 같은데 축구는 또 하러 나가더라구요. 운동장에서 날아다니는 모습 보면 귀엽습니다.

사실 저는 학창 시절 급식을 먹어 본 적이 없습니다. 고등학교부터 재수생 때까지는 저녁 도시락까지 도시락을 두 개씩 가지고 다녔었는데요. 매일 무료로 학교에서 밥을 먹을 수 있는 이 시스템은 정말 좋은 것 같습니다. 하지만 우리 아이들은 별 감흥이 없는 것 같더라구요. 왜 급식 안 먹냐고 물어보면 특별한 이유가 있는 것은 아니었습니다. 그냥 먹기 싫어서랍니다. 선생님이 월급 받기도 전에 이미 뜯어간(?) 세금으로 주는 건데 좀 잘 먹으라고 말하지만 소 귀에 경 읽기입니다.

그런데 밥 다 먹은 친구들이 오면 같이 운동장으로 뛰어나갑니다. 30도를 넘는 폭염이건 영하를 훨씬 밑도는 한파이건 아랑곳하지 않습니다. 그 찜통이나 눈밭 속을 질주하다가 올라옵니다. 땀에 흠뻑 젖어서 모락모락 김이 나는 상태로 돌아오는 모습을 보면 저도 모르게 입이 쩍 벌어집니다. 그리고 나서 수업 때 엎드리지도 않아요. 분명히 졸릴 텐데요. 20여 년 전 저의 모습이랑은 또 너무 다릅니다. 정말 다른 차원에서 온 사람들 같습니다.

공짜로 밥을 줘도 안 먹는다고 하는 이 아이들. 너무 다른 이 아이들을 이해하기 위해서 선생님들도 노력합니다. 처음에 이해하지 못했더라도 미워하지 않습니다. 어떻게든 이해해 주려고 아이들 말에 귀를 기울이지요. 그리고 선생님들이 달라지려고 노력합니다. 마치 우리 학교 순댓국이 대표 메뉴가 된 과정처럼 말이지요.

장성민쌤의 TIP

> 급식 맛없다고 하는 건 남자 아이들 양이 많아서입니다.
> 맛없어 보여도 조금은 먹어 보라고 이야기해 주세요.

장성민쌤의 응원 메시지

> 선생님과 여러분, 부모님이 내는 세금으로 주는 밥이야.
> 맛있게 먹어!

5.

이름만 바뀐 야자

자기주도학습

 장성민쌤의 보이는 남학교!

몰래 먹는 라면

장성민쌤이 석진이 어머니와 전화 상담을 하고 있다.

어머님, 안녕하세요? 석진이 담임입니다. 전화 상담 신청하셨지요?
석진이가 거의 매일 학원을 가는 것 같더라구요. 그 사이 비는 시간에
는 학교에서 공부하면 됩니다. 학원 시간 맞춰서 나갈 수 있어요. 네,
오늘부터 야자 시작합니다. 자기주도학습이 야자 맞아요. 저녁 시간
은 5시 반부터 6시 반까지입니다. 석식 미리 신청한 학생들은 급식실

에서 먹을 수 있는데요. 석진이는 신청 안 했더라구요. 많이들 학교 밖에 나가서 사 먹고 들어옵니다. 거기 짬뽕집이 제일 인기가 많지요. 대기가 길어서 못 먹은 아이들은 다른 식당 가서 먹고 오는 것 같더라구요.

그런데 석진이처럼 매일 농구하는 아이들은 아마 밥 먹을 시간이 모자랄 겁니다. 그 친구들은 편의점에서 라면 사 와서 먹는 것 같습니다. 매일 그러는 건 아니니까 괜찮을 거예요. 교실에서 먹어도 괜찮냐구요? 괜찮습니다. 아이들이 먹고 알아서 창문 열고 냄새 제거 잘하더라구요. 대신, 저녁 시간 내에는 다 먹어야지요. 농구하느라 시간 모자라는 건 아는데 야자 시간에 먹으면 안 되니까요.

몇 년 전에 야자 시간에 교실에서 라면 먹다가 저한테 걸린 아이가 있었는데요. 혼내지는 않고 좋게 얘기했더니 다음부터는 안 그러더라구요. 누군지 알 것 같으시다구요? 네, 석진이형 석재 맞습니다. 이제 졸업했으니까 얘기해도 괜찮겠지요? 저도 석재가 집에는 얘기 안 했을 거라 생각했어요. 그래도 어머님께서 바로 눈치채시네요. 저도 고등학교 때 그런 적 있었거든요. 딱 한 번, 저는 농구는 아니고 오락실 때문이었어요. 제 옛날 생각도 나고 귀여웠어요. 석재 같이 성실한 아이가 그러니까 오히려 신기하던데요.

아무튼 석진이 학원 가기 전에 공부하다가 저녁 먹고 학원 시간 맞춰서 나가도 괜찮습니다. 되도록이면 석진이 라면 먹지 말고 저녁부터 먹고 와서 놀라고 이야기해 놓겠습니다. 염려 놓으십시오.

야간자율학습? 자기주도학습!

코로나가 종식되며 학교 현장에서는 다시 야간자율학습이 부활하고 있습니다. 최근에는 '자기주도학습'으로 공식 명칭은 바뀌었습니다. 그러나 학교 현장에서는 여전히 '야자'라는 말을 더 많이 씁니다.

학교마다 다소의 차이는 있을 것이나 자기주도학습 운영 시간은 거의 비슷합니다. 시작하는 시간은 4시, 혹은 5~6시 사이입니다. 정규 수업이 끝나고 종례를 마친 후부터, 일부 학생들은 방과후수업이 끝난 후부터 시작하는 것입니다. 종료하는 시간은 빨리 끝나는 경우 8시, 늦게 끝나는 경우 10시입니다. 90년대까지만 해도 대중교통 막차 시간에 맞추느라 11시까지 야자를 하는 경우가 있었습니다. 그럴 때는 '달을 보며 학교에 왔다가 달을 보며 집에 가는' 일이 허다했습니다. 2010년대 관련 법안 발의 이후 청소년의 수면 시간과 건강권을 보장하기 위해 자기주도학습 종료 시각은 밤 10시를 넘기지 않게 되었습니다.

공교육의 스터디 카페가 되다

최근 자기주도학습을 실시하는 학교들은 보다 공간과 시간의 자율성을 보장해 주는 편입니다. 공간은 교실에서 하기도 하지만, 학교 내에 따로 마련된 자습실에서 하기도 합니다. 정해진 시간을 풀타임으로 앉아 있지 않고, 일부 시간만 선택해서 할 수도 있습니다. 감독은 정숙 지도를 주목적으로 하고 출석 자체에는 크게 연연하지 않습니다. 감독은 교사가 하기도 하지만 외부 봉사 인력 등을 활용하기도 합니다.

이렇게 달라진 분위기의 자율학습은 장점이 많습니다. 따로 비싼 금액을 지불하며 독서실이나 스터디 카페에 가지 않아도 됩니다. 학원 가기 전에 남는 시간을 학교에서 효율적으로 공부할 수 있다는 것도 장점입니다.

학부모 상담

Q: 이제 곧 아들이 고등학생이 됩니다. 몇 년 전에 지인 아들을 보니 학종으로 대학 갈 거라고 야간자율학습도 다 참여하는 것 같더라구요. 요즘에도 그런 분위기인가요?

A: 요즘은 아닙니다. 전에는 야간자율학습 참여한 내용도 생활기록부에 기록되어서 대학에 전달되었지만 이제는 생기부에 기록되지 않습니다.

앞에 있던 내용 중에 대학교에서 어떤 학생을 선호한다고 했는지 기억나시나요? 맞습니다. '충성도'와 '성실'이었지요. 학종(학생부종합전형의 줄임말)은 대개 생기부(학교생활기록부의 줄임말)를 중시하는 수시 입학 전형입니다. 그러다 보니 생기부의 양과 질이 중요했었는데요. 생기부를 통해서 얼마나 이 학생이 잠재력이 무궁하고 성실하게 대학 공부를 할 수 있는 준비가 되어 있나 하는 것을 평가하는 것입니다. 이걸 생기부에 싣기 위해 노력을 하다 보니 생기부의 양도 점점 늘어났습니다. 어떤 학생은 생기부 전체가 7페이지인데 어떤 학생은 20페이지를 훌쩍 넘기기도 했거든요. 이른바 '뻥튀기'가 심해지는 부작용이 생긴 것입니다.

학생들 입장에서도 너무 힘들죠. 교내 대회 수상실적 남기려고 모든 과목 모든 대회 다 준비하고 참여해서 순위 안에 들려고 애썼구요. 방과후학교, 자율동아리, 특색 프로그램, 독서활동 등 챙겨야 할 게 감당할 수 없을 만큼 많았습니다. 여기에 야간자율학습도 기록이 되어서 대학교에 보내졌던 겁니다. '학교 활동에 이렇게 열심히 참여하는 성실한 학생이다.'라고 보이기 좋은 게 또 야간자율학습이잖아요. 이전 세대에서도 한 번도 야자 안 빠지고 열심히 공부하는 아이들은 어른들이 칭찬 많이 하셨으니까요.

그런데 어쨌든 지금은 이게 생기부에 기록되지 않습니다. 그러니까 아이들도 정말 학교에서 공부하려는 아이들 빼고는 일부러 남으려고 하지 않습니다.

"저는 스카(스터디 카페의 줄임말) 가야 공부가 잘 돼서요.", "저는 제 방에서 공부할 때 집중이 잘 되는 편입니다만." 하는 아이들이 많아진 겁니다. 이전의 야자가 '야간강제학습'이었다면 이제 요즘 야자는 말 그대로 '공교육의 스터디 카페'처럼 되고 있어요. 몇 년 전까지도 학종으로 인한 강제력이 남아 있었다면 최근에는 그것마저도 거의 사라진 셈이지요.

요즘은 '자기주도학습'이 대세잖아요. 만약 야자에 대해 안 좋은 기억이 있으시다면 그건 '강제성' 때문일 거라 생각합니다. 명칭은 '자율'이되 사실 자율이 아니었잖아요. 신청하는 것도 실제로 공부하는 것도요. 요즘 학생들은 이런 강제성이 익숙하지 않습니다. 학교든, 스터디 카페든, 자기 방이든 본인이 편하고 자기 의지대로 열심히 할 수 있는 곳에서 공부하도록 해 주셔도 괜찮습니다. 그게 진짜 '자기주도학습'일 테니까요.

장성민쌤의 TIP

> 독서실처럼 공부할 수 있습니다.
> 학원 가기 전에 편하게 공부하다가 가도 됩니다.

장성민쌤의 응원 메시지

> 수업 듣는 것도 힘들 텐데 스스로 남아서 공부까지!
> 어른들도 배워야 할 자세야!

IV.

고등학생들도
손꼽아 기다리는

행사

1. 입학식 ◆ 일 년의 시작은 3월 2일

2. 동아리 ◆ 진로와 관련 없어도 괜찮다

3. 체육대회 ◆ 남자들은 축구에 목숨을 건다

4. 수학여행 ◆ 아이들이 원하는 곳으로 간다

5. 졸업식 ◆ 교문 앞에 경찰차가 와 있는 날

1.

일 년의 시작은 3월 2일

◆

입학식

우리 아이 입학식은 못 갔어요

장성민쌤은 퇴근 후 동네 놀이터에서 첫째 친구 재석 어머니와 대화를 나누었다.

재석 엄마: 민종이 아버님, 고등학교 선생님이세요?

장성민쌤: 네, 저 직장이 광성고등학교예요. 재석이 어머님은 초등학교 선생님이시지요?

재석 엄마: 네, 저는 저기 지하철역 옆에 있는 초등학교에 있어요.

장성민쌤: 재석이 어머님은 재석이 중학교 입학식 때 참석하실 수 있으세요?

재석 엄마: 저는 그때 둘째 때문에 육아 휴직해서요. 참석해야지요. 아버님은 참석하세요?

장성민쌤: 저는 민종이 초등학교 입학식 때도 못 갔었어요. 시간이 딱 겹치더라구요. 이번에는 어떨지, 솔직히 잘 모르겠네요.

재석 엄마: 엄마 아빠가 선생님이면 참 입학식 가기 힘든 것 같아요. 이제 좀 달라질 때도 된 것 같은데 말이에요.

장성민쌤: 그러게요. 보니까 저희 동료 선생님은 출근했다가 가시기도 하더라구요. 식장 늦게 도착해서 같이 사진도 못 찍을 뻔했지만요. 저도 그렇게라도 시도해 볼까 봐요.

재석 엄마: 차라리 그게 나을 수 있겠네요. 민종이나 재석이나 같은 중학교 가서 같이 뵀으면 좋겠네요.

장성민쌤: 아유, 정말 그랬으면 좋겠네요.

4년 만의 입학식이 열리다

2023년 3월 2일. 2019년 이후, 4년 만에 강당에서 입학식이 열렸습니다. 신입생의 가족 등 외부인들도 참석할 수 있도록 학교가 개방되었습니다. 예행연습 시작 전부터 교문과 운동장, 교실에서 학부모들과 형제자매들이 사진을 찍었습니다. 작년에 이어서 올해도 이 정겨운 모습들을 볼 수 있는 입학식으로 진행되었습니다.

"우리 아들 어디 있지?" 숨은 그림 찾기 대회가 된다

교복을 입는 초등학교는 전국적으로 많지 않다고 알고 있습니다. 그래서 중학교 입학식, 특히 남학교의 입학식에 오면 학부모님들이 종종 당황하는 경우들이 있습니다. 아이들이 다 똑같은 옷을 입고 있기 때문입니다. 게다가 머리색이나 헤어스타일도 다 비슷비슷하게 보일 것입니다. 몇 반인지라도 정확하게 알면 다행입니다. 아들 찾을 확률이 2~30분의 1로 높아집니다. 그런데 학부모님은 임시 학급만 알고 있는 경우가 많습니다. 학교에 먼저 도착한 아이들이 배정받은 자기 반을 찾아가고 미처 부모님께 알리지 못했다면, 그때부터는 고난이도의 숨은 그림 찾기가 시작됩니다. 우리 아들 어디 있나 목을 길게 빼고 찾는 모습들이 마치 미어캣 같아서 웃음 짓게 됩니다.

대한민국 학교 공식 입학식 날짜는 '3월 2일'이다

우리나라 모든 초중고등학교의 입학식은 '3월 2일'입니다. 졸업식은 학교 사정에 따라 1월에 하는 학교, 2월에 하는 학교가 있습니다.

그러나 입학식만큼은 3월 1일 공휴일 이후 첫 평일로 고정되어 있습니다. 입학식은 단순히 새 학년이 시작되는 행사 이상의 의미가 있습니다. 교사들에게 '3월 2일'은 1년이 시작되는 날입니다. 신입생을 맞이하고 새 학년, 새 업무가 이날부터 시작됩니다. 그래서 이날 수업을 하는 학교들은 많지 않습니다. 대신 회의나 학기 시작 준비를 마무리하고 점검하느라 바쁜 일정이 돌아갑니다. 그래서 앞에 나온 것처럼 교사들이 막상 자신의 자녀 입학식에는 불참하게 되는 일들이 흔히 벌어지는 것입니다. 입학식 행사 등으로 모두들 정신없이 바쁘다 보니 이런 날 연가를 쓰고 빠지기가 쉽지 않은 현실입니다.

학부모 상담

Q: 아들 녀석이 남중에 가게 됐는데요. 입학식에 안 와도 된다고 오지 말라고 하는데, 정말 가지 말아야 할까요?

A: 가셔야지요. 아버님이나 다른 양육자도 가능하면 가시구요. 단, 입학식 안내사항을 잘 참고하시길 바랍니다.

　조금 다른 이야기이긴 한데요. 제가 첫째 어릴 때 친구들 만나러 나갔다가 조금 늦은 시간에 아내에게 연락했습니다. 그랬더니 아내가

"천천히 와."라고 하더라구요. 마음 놓고 정말 천천히 들어갔는데요. 큰일 날뻔했습니다. 천천히 오라 그랬다고 정말 천천히 가면 안 되는 거였더라구요. 그다음부터는 같은 실수를 반복하지는 않는데요. 남자 아이들은 웬만해선 돌려 말하지 않습니다. 대부분 표면적인 의미 그대로 받아들여도 되는데요. 다만 자기들 나름의 허세가 들어가는 경우들이 있습니다. '센 척'하는 게 좀 있는 거죠. 입학식에 엄마 아빠 오지 말라는 것도 비슷한 맥락입니다. 이제 중학생이니까 어리지 않다. 엄마 아빠 없이 혼자서도 잘 갈 수 있다. 그런 의미입니다만, 막상 가면 긴장됩니다. 낯선 공간에 낯선 옷 입고 있으려니까 어색하기도 하구요. 초등학교는 남녀공학이니까 뭔가 좀 부드러운 느낌이 있었는데 갑자기 남자들만 가득한 데 오니까 더 거칠게 느껴집니다. 그럴 때 내 편인 우리 가족이 함께 있어 줘야죠. 저 멀리 우리 엄마나 아빠, 아니면 할아버지, 할머니 왔다는 것만 확인해도 긴장이 많이 풀어집니다. 아무리 머리 크고 키 크고 했어도 만 12세밖에 안 된 아이니까요. 그렇다고 있는 가족들 모두 동원해서 가실 필요는 없습니다. 우리 편 많이 오면 아이가 기분 좋을 수는 있어도 다른 사람들한테는 민폐가 될 수 있거든요. 요즘 입학식은 운동장에서 잘 안 합니다. 대부분 학교 강당에서 할 텐데 많은 인원을 다 수용할 수가 없습니다. 그러니 주 양육자들만 참석하시는 것을 추천합니다.

애들이 크니까 평소에 없던 허세 부리는 것도 보시게 됩니다. 그러면 그런가 보다 하고 그냥 귀엽게 봐주시고 넘어가세요. 오지 말란다고 정말 안 가시면 안 됩니다.

장성민쌤의 TIP

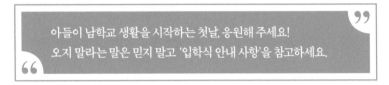

아들이 남학교 생활을 시작하는 첫날, 응원해 주세요!
오지 말라는 말은 믿지 말고 '입학식 안내 사항'을 참고하세요.

장성민쌤의 응원 메시지

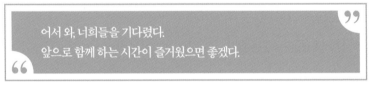

어서 와, 너희들을 기다렸다.
앞으로 함께 하는 시간이 즐거웠으면 좋겠다.

2.

진로와 관련 없어도 괜찮다

동아리

등산(부)의 추억

한 어머니가 상담 중 아이가 문예부에 들어가서 걱정이라고 말했다. 장성민쌤이 문예부 문집을 꺼내드리며 말했다.

"어머님, 문예부도 괜찮습니다. 일단 상설 동아리라서 연속성이 있구요. 글 잘 쓰는 아이들이 많은데요. 이 아이들 사이에서 배우는 게 많아요. 책도 많이 읽고 자기 생각 표현하는 방법을 확실히 많이 배우게 돼요. 그래서 2학년, 3학년 때 가입하는 아이들이 많은 동아리예요. 이게 작년에 발행한 동아리 문집인데요. 하나 가져가서 보십시오. 작년까지는 제가 맡았었거든요. 당연히 제 글도 있습니다. 중간쯤에 있을 거예요. 마침 소재도 제 고등학교 때 동아리 이야기였네요."

20여 년 전 고등학교에서 처음 동아리를 택하는 날이었다. 중학교 때부터 친한 친구들한테 어느 동아리 들 거냐고 묻자 등산부에 들 거라고 했다. 딱히 마음에 들진 않았지만 다른 대안도 없었다. 사실 가장 가고 싶었던 동아리는 영화감상부였다. 하지만 학교에서 제일 인기 많은 영화감상부를 신청했다가 떨어지기라도 하면 전혀 원치 않았던 다른 동아리에 가게 된다고 들었다. 어차피 될 가능성도 적은 곳을 신청하느니 친구들이랑 같이 가자는 생각으로 등산부를 신청했다.

동아리 오리엔테이션날 등산부가 모이는 교실에 갔는데 친구들이 아무도 없었다.

'내 친구들 어디 있지?'

앉은 곳에서 계속 두리번거렸으나 오리엔테이션이 끝날 때까지 나타나지 않았다. 선생님께서 뭐라고 말씀하시는지 건성건성 듣고, 오리엔테이션이 끝난 다음 친구들을 찾아갔다.

"뭐야, 너희 왜 안 왔어?"

"너는? 너 등산부 했다 그러지 않았어?"

"나 등산부 가서 오티 듣고 왔는데? 너희가 다른 데 간 거 아냐?"

"아닌데? 우리 등산부 갔다 왔어."

이상한 마음에 등산부에서 나눠준 종이를 보자 동아리명에 '등산부 B'라고 써 있었다. 친구들은 '등산부A', 나는 '등산부B'였던 것이다. 그러니 못 만날 수밖에. 왜 하필 등산부만 두 개였을까.

아무튼 첫 동아리 하는 날 서울에 있는 어느 산에 올라가게 됐다. 빨리 올라갔다 내려오면 빨리 끝나고 집에 갈 수 있을 거라고 생각해서 다같이 출발한 후 혼자 속도를 내서 산을 올라갔다. 아는 친구 하나 없었기 때문에 헥헥거리면서 오르고 또 올랐다. 그 모습을 본 등산객 아주머니들이 말했다.

"아유, 학생들이 천천히 경치도 구경하고 그러면서 가야 되는데! 그러면 힘들어서 안 돼."

맞다. 사실 재미도 없고 힘들었다. 그래서 이게 아닌가 싶은 마음에 잠시 걸음을 멈추고 등산로를 벗어났다. 앉아서 조금 쉬려는데 수풀 쪽에서 낯익은 모습이 보였다. 오리엔테이션날 봤던 옆집 복학생 형이었다. 형이 나를 불렀다.

"야, 거기 그쪽에 좀 있어."

왜 그러지 하고 쳐다보았다. 형은 조금 더 으슥한 수풀로 들어가더니 무언가를 주머니에서 꺼냈다. 빨간 불이 켜지는 걸 보고 깨달았다. 담배구나. 잠깐 쉬려던 거였는데 흡연 학생의 가림판이 되어 버린 꼴이었다. 어이가 없었지만 이웃 간의 정도 있고 하니 일단 담뱃불이 꺼지기만을 기다렸다. 형은 능숙하게 꽁초를 발로 비벼 불을 끄고 침까지 뱉어 화재의 위험성을 확실히 차단했다. 그러더니 자기랑 노가리나 까면서 천천히 같이 올라가자고 말했다. 나는 아니라고 먼저 가겠다며 잡히기 전에 얼른 발걸음을 옮겼다. 이전보다 더 빠른 속도로 헉헉거리며 산을 올라 드디어 정상을 찍었다. 잠시 후에 선생님과 다른 부원들도 올라왔다.

선생님께서 주머니칼로 오이 하나를 깎아 드신 시간만큼 정상에 머물렀다. 출발 신호가 떨어지자마자 제일 먼저 뛰어내리듯 하산했다. 그러고는 잽싸게 집으로 갔다.

다음 날, 학교에 오자마자 동아리를 바꾸고 싶다고 신청했다. 선생님께 말 걸기도 무섭고 교무실 가는 것도 무섭던 시기였다. 그때 내가 낼 수 있었던 최대한의 용기였다. 그만큼 간절했던 것 같다. 덕분에 다른 친구들도 있고 더 적성에 맞는 동아리에 들어갈 수 있었다.

지금도 나는 등산을 좋아하지 않는다. 하지만 내 첫 동아리는 나에게 나름대로 의미가 있었다고 평가하고 싶다. 더 나은 상황을 만들고 싶다면 용기를 내야 한다. 간절히 원하면 이루어진다. 무엇보다, 친구 따라 강남 가면 안 된다.

취미보다는 스펙이다?

사실 학교에서 동아리는 '행사'라기보다 '교내 생활'에 가깝습니다. 그러나 공식적인 동아리 활동일이 한 달에 한 번 정도 돌아오기 때문에 월례 행사와 같은 느낌이 드는 것도 사실입니다. 또한 일 년에 한 번 있는 행사인 '축제' 역시 동아리 활동을 기반으로 합니다. 그렇기 때문에 이 책에서는 동아리를 행사 쪽에 실었습니다.

예전 동아리가 무언가 공부보다는 취미나 오락의 성격이 강했다면 최근의 동아리는 스펙의 성격이 더 강하다고 볼 수 있습니다. 수시로 대학에 갈 생각을 하고 있는 학생들은 자신의 희망 학과에서 선호할 만한 동아리를 찾아 들어갑니다. 그래서 이과 쪽에서는 생명과학이나 건축, 수학, 문과 쪽에서는 영자신문이나 경제경영 같은 동아리가 인기가 많습니다.

상설 VS 일반

학교마다 명칭은 다르지만 대부분 동아리는 상설 활동 동아리와 일반 활동 동아리로 나누어집니다. 일반 활동 동아리가 한 달에 한 번 있는 동아리날에만 활동하는 반면에 상설 활동 동아리는 동아리날 이

외에도 더 자주 정기적으로 활동합니다. 그래서 상설 활동 동아리는 면접을 통해 신입생을 우선 선발할 수 있는 기회를 갖습니다. 상설 동아리의 인원이 다 채워지고 나면 나머지 학생들이 일반 동아리에 지원하는 것이 일반적입니다.

교내 or 교외

요즘 동아리는 교내에서 활동하는 동아리, 교외에서 활동하는 동아리의 구분이 명확하지 않습니다. 교내에 기반 시설이 없는 동아리, 예를 들면 스포츠 클라이밍부와 같은 경우에는 항상 교외에서 활동할 수밖에 없습니다. 딱히 그러한 구분이 없는 동아리들은 계획에 따라 교내에서도, 교외에서도 활동할 수 있습니다. 교육청에서도 동아리 관련 예산을 지원하고 있기 때문에 일부 지원금을 활용하여 교외로 나갈 경우 발생하는 예산 문제에 도움을 받을 수 있습니다. 이는 교내에서 활동할 때도 조금 더 좋은 재료를 가지고 활동할 수 있는 기회가 됩니다.

그래도 남학교는 축구, 농구!

남학교에서 체육 관련 동아리의 인기는 예나 지금이나 여전합니다. 스포츠계의 양대 산맥인 축구, 농구 동아리는 여전히 아무나 들어갈 수 없고 선망의 대상입니다. 축구, 농구 동아리는 대개 면접, 실기 등을 보고 신입생을 선발합니다. 이 동아리들은 상설 활동 동아리로 운영하는 학교들이 많고 각종 학생대회에 참가하기도 합니다. 당연히 일정 수준 이상의 실력이 뒷받침되지 않으면 들어가기가 어렵습니다. 교내 생활을 하면서도 '저 친구는 축구부다.', '저 친구는 농구부다.'라고 하면 그 친구의 운동 실력에 의문을 제기하지 않습니다. 체육 시간에는 같은 편이 되기 위한 경쟁이 벌어지기도 합니다.

Q: 아들이 고등학생이 되어 동아리를 선택하려고 하는데요. 저는 수시 생각해서 아들이 전공 관련 동아리를 택해야 한다고 생각하는데 아들은 동아리만큼은 운동이나 취미 관련 동아리를 하고 싶다고 합니다. 어떻게 설득하는 게 좋을까요?

A: 목표하고 있는 학교나 학과가 어디인지에 따라서 달라질 수 있겠네요. 그러나 대부분의 학생은 원하는 동아리에 가입해도 괜찮습니다.

앞에서 말씀드렸었죠, 자기주도학습. 동아리도 비슷합니다. 최근의 학교 동아리는 선생님이 개입하는 것도 점점 줄어들고 있습니다. 아이들이 스스로 만들어가고 해 내야 하는 상황에 던져지게 되는 것이죠. 어떻게든 자기들끼리 알아서 할 수밖에 없으니 뭐라도 더 하게 된다는 점에서 오히려 더 많이 배우게 된다는 장점이 있습니다. 이때 자신이 정말 원하는 동아리에 가입하게 되면 보다 적극적으로 활동을 할수 있지요. 스펙 때문에 내키지 않는데 어쩔 수 없이 가입하다 보면 활동도 아무래도 소극적으로 하게 됩니다. 선생님들이 특기사항을 작성할 때 가장 애먹는 학생들이 이렇게 소극적인 학생들입니다. 주도적으로 활동한 게 없다 보니 쓸 내용이 안 떠오르는 거죠. 그러다 보면 일반적이고 특별할 것 없는 내용들로 특기사항이 채워지게 됩니다.

하지만 적극적으로 하는 학생들은 다르죠. 한 게 많으니 쓸 내용도 많습니다. 희망진로가 무엇인지 알면 그것과 연계해서 스토리텔링도 가능해집니다. 예를 들어, 공대를 희망하는 학생이 문예부 활동을 했는데요. 부기장까지 맡을 정도로 열성적이었습니다. 문예부 역사상 최초로 문집을 내보자는 의견을 내고 다른 부원들과 협업해서 어려움을 극복하고 문집을 발간하는 데 성공했습니다. 이런 경험을 통해 공대에서 조별 프로젝트를 진행할 때 필요한 협업 능력을 키울 수 있었다고 기록했습니다. 당연히 입시 결과도 좋게 나왔지요. 이와 같이 학생이 수시 입학을 원한다면 동아리 활동을 주도적으로 얼마나 열심히 했는지가 생기부에 드러나야 합니다. 그러려면 학생 본인이 원하고 자신 있는 동아리에 지원하는 게 당연히 더 좋습니다. 원치 않는 동아리에서 소극적으로 활동하는 것보다는 원하는 동아리에서 적극적으로 활동하는 것이 낫습니다.

장성민쌤의 TIP

> 학생이 꼭 원하는 동아리라면 스펙과 관련 없어도 괜찮습니다.
> 주도적으로 활동한다면 유연하게 연계 가능합니다.

장성민쌤의 응원 메시지

> 동아리에서도 배울 게 많아.
> 1년이 지나면 동아리에서 무얼 배웠는지 정리해 보렴.

3.

남자들은 축구에 목숨을 건다

체육대회

장성민쌤의 보이는 남학교!

종례 신문에 실린 에피소드 1

상담을 위해 정국 어머니가 학교에 방문했다. 장성민쌤이 노트북과 교무수첩을 가지러 가는 동안 정국 어머니는 교실을 둘러보았다. 정국이 자리로 보이는 책상을 찾았다. 서랍 한쪽 끝으로 종이 한 장이 튀어나와 있었다. 장성민쌤의 종례 신문이었다. 정국 어머니는 살짝 빼서 읽어 보았다. 짧은 전달 사항 아래로 한 편의 이야기 글이 있었다.

더운 날이다. 가만히 있어도 땀이 흐른다.

이상한 광경이 보인다. 모두가 땡볕에 나와 있다. 한 걸음 뒤에 그늘이 있고 벤치가 있는데도 아무도 앉으려고 하지 않는다. 오히려 더 땡볕 가운데로 나가려 하고, 더 뜨겁게 열을 올리고 있다.

시선을 옮겨 보니 둥근 공이 굴러다니고 있고 그 공을 따라다니는 발걸음들이 있고 그 발걸음을 응원하는 목소리들이 있다. 이곳은 올드 트래포드나 상암 월드컵 경기장이 아니다. 당연히 박지성이나 기성용 같은 선수들도 없다. 유난히 작은 운동장에 핸드볼인지 실내 풋살용인지 모를 골대와 조악한 유니폼을 맞춰 입거나 학교 체육복에 형광색 조끼를 입고 있는 흔하디흔한 남자 고등학생들이 있을 뿐이었다. 이 보잘것없고 별것도 아닌 경기에 모든 학생들이, 선생님들까지 열광하고 있다. 최소한의 냉정을 유지하고 있는 심판 선생님과 진행을 돕고 있는 생활지도 선생님만이 자꾸 터치라인 안쪽으로 들어오려는 사람들을 간신히 제지하고 있었다.

문득 눈을 들어 교실을 바라보니 운동장을 쳐다보는 수많은 시선들 중 하나와 눈이 마주쳤다. 이미 영혼은 창밖으로 투신하였는데 차마 땅에까지는 닿지 못한 듯. 교실 창가 언저리에 둥둥 떠 있는 채로 칠판이 아닌 운동장만을 갈망하는 눈빛이었다.

별안간 함성이 터졌다. 좁은 운동장을 둔탁하게 굴러다니던 공이 어찌 된 일인지 골대 안으로 들어가 잠시 고된 움직임을 멈추려 하고 있었다. 골대를 지키던 아이가 다급히 공을 꺼내고 하프라인으로 가져다 놓으려 했지만 야속한 휘슬이 한 번, 두 번 길게 울렸다. 다시 한 번 함성이 터지며 절반의 아이들과 한 선생님이 터치라인 안쪽으로 질주한다. 두 팔을 벌리고 한 데 어우러져 얼싸안고 기뻐하는 모습은 어디서 많이 본 듯 익숙하다.

'그래, 월드컵이다. 누가 뭐래도 이건 이 세계의 월드컵이다. 체육대회라는 말은 어울리지 않는다.'

문득 아쉬움을 감추지 못하고 있는 저 절반의 아이들에게 가 봐야겠다는 생각이 들었다. 가서 위로해 줘야겠다.

"괜찮아, 잘했는데 아쉽네. 너네 담임은 축구해서 이기는 거를 못 봤다, 내가. 그러게 담임 좀 잘 만나지 그랬니. 회장, 부회장. 카드 줄 테니까 편의점 가서 음료수 사 와서 애들 좀 나눠줘. 뭐? 수위실에서 담임 선생님 외출증 받아오라 그랬다고? ……자, 여기."

축구는 필수, 이어달리기는 선택이다

코로나 이후 중단되었던 체육대회가 다시 시작되었습니다. 남학교의 체육대회 종목은 해마다 바뀌긴 하지만 축구가 제외되는 일은 잘 없습니다. 축구는 필수이고 때에 따라 농구, 족구, 피구 등이 취사선택되곤 합니다. 제가 근무하고 있는 학교의 경우 작년에는 축구와 함께 피구를 했습니다. 학급의 모든 학생들이 참여할 수 있게 하자는 취지에서 피구가 선택되었습니다.

매번 체육대회에서 구기 종목만 하는 것은 아닙니다. 학교 운동장 대신 넓은 공립 체육시설을 빌려 체육대회를 하는 경우도 있고, 공원 등지에서 마라톤 대회를 하기도 합니다. 전통적인 체육대회 종목인 줄다리기, 이어달리기 등이 채택되는 경우도 있습니다. 이는 학교에 따라서 다르기도 하고, 같은 학교에서도 해마다 사정에 따라 달라지기도 합니다.

체육대회 실시간 생중계 및 직관 혜택을 드립니다

최근에는 발달된 방송 기술을 활용하여 실내 체육관에서 실시된 피구 경기는 유튜브를 통해 교실에 실시간으로 중계해 주기도 하였습니다.

그런데 아무래도 체육대회 날은 응원소리로 인해 평소보다 시끄러울 수밖에 없습니다. 가끔 무슨 일인가 나와 보셨다가 아파트 고층에서 오래도록 서서 관람하시는 인근 지역 주민들을 보곤 합니다. 학교에 편지를 보내서 체육대회 덕분에 활기차서 좋았다며 자신도 수십 분을 구경하고 응원했다는 주민도 계셨습니다.(실제 있었던 일입니다.)

전교 단위가 아니면 학급 단위로 실시한다

이전보다는 확실히 운동을 좋아하는 학생들이 줄어들고 있는 것이 사실입니다. 설령 남학교라 하더라도 말입니다. 그러나 체육대회의 인기는 여전히 줄어들지 않고 있습니다. 전교 단위의 체육대회 개최가 어려워지면 학급 단위로라도 실시하는 경우들이 많습니다. 미리 학급 회의를 실시하여 콘셉트를 정하고 단체 티셔츠를 주문합니다. 이 단체 티셔츠를 입으면 경기를 뛰든 안 뛰든, 운동을 좋아하든 아니든 응원하고 웃고 떠들고 즐기는 모습을 발견할 수 있습니다.

단체 티셔츠 도착. 인증샷 필수.

Q: 아들이 고등학생인데 체육대회에 목숨을 걸고 있네요. 운동 신경도 없는 아이가 매일같이 친구들 만나서 연습한다고 나가는데, 도대체 왜 저러는 걸까요?

A: 공부에 소홀하지 않을까, 운동하다 다치지 않을까 걱정하시는 어머님의 마음, 이해합니다. 공부하는 시간은 빠지지 않게 하시고, 안전한 곳에서 운동하는지 한 번 확인해 보시는 것은 어떨까요?

어머님은 삶의 낙이 있으신가요? 저는 있습니다. 일주일에 한 번 농구하는 겁니다. 중고등학교 때부터 좋아했는데 아직까지도 하고 있네요.

친구들, 혹은 동료들과 한마음으로 달릴 수 있다는 것, 응원할 수 있다는 것은 더없이 즐거운 일인 것 같습니다. 무미건조한 학교생활에서 체육대회는 남학생들의 넘치는 에너지를 정화시켜주는 역할을 합니다. 어디서 또 이런 밝고 기운찬 에너지를 경험해 볼 수 있을까 싶은 생각이 듭니다. 달리면서 몸과 마음도 건강해지고, 응원하면서 유대감도 얻구요.

가끔 먼지도 먹고 흙바닥에 구르기도 하고 상처가 나기도 합니다. 하지만 얻어 가는 것에 비하면 아무것도 아닌 것 같아요. 이기는 쪽도, 지는 쪽도 얻는 게 더 많습니다.(물론 크게 다치는 일은 없어야겠지요.)

삶의 낙이 뭐냐는 질문에 선뜻 답이 떠오르지 않았던 분들도 계시지 않나요. 지금 아이가 연습하는 그 운동이 우리 아이 평생의 낙이 되어 줄지도 모릅니다. 다치지 않고 오래 즐길 수 있도록 격려해 주셨으면 좋겠습니다.

장성민쌤의 TIP

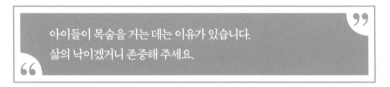

아이들이 목숨을 거는 데는 이유가 있습니다.
삶의 낙이겠거니 존중해 주세요.

장성민쌤의 응원 메시지

재미있게 해. 대신 다치지는 말자!

4.

아이들이 원하는 곳으로 간다

수학여행

요즘 남학생들이 카페를 즐기는 방법

장성민쌤은 퇴근 후 동네 놀이터에서 첫째 친구 아빠와 대화를 나누었다.

규성 아빠: 민종이 아버님, 요즘 남자애들도 카페 가나요? 저기 지하철역 앞으로 가다가 남자애들끼리 카페에 앉아 있는 걸 본 것 같아서요.

장성민쌤: 네, 자주 간답니다. 주로 학원 가기 전에 간다고 하더라

구요. 시간이 좀 애매할 때 가는 거지요.

규성 아빠: 와, 우리 때는 상상도 못했던 일인데! 애들이 커피도 마셔요?

장성민쌤: 네, 좋아하는 아이들은 저보다 커피를 더 잘 알아요. 그래도 대부분은 졸리니까 마시는 것 같구요.

규성 아빠: 진짜 많이 달라졌구나. 남자들끼리 카페 가서 커피 마시면서 수다 떠는 게 상상이 잘 안 되는데요?

장성민쌤: 저는 그런 것도 봤어요. 제주도 수학여행 갔을 때인데요. 제가 학생들 잘 보이는 데를 찾아서 루프탑 카페에 들어갔거든요. 거기 창가에 자리를 잡고 앉았는데 뒤에서 저희 반 아이들이 들어와서 인사를 하더라구요. 저도 인사해 주고 계속 창밖에 아이들 둘러봤지요. 그러다가 문득 얘네는 카페 와서 뭐하나 하고 돌아봤어요. 그런데 셋이 다 다른 색깔 음료수 시켜서 마시는데 서로 말은 안 하더라구요. 셋 다 스마트폰만 하고 있어요. 제가 드문드문 돌아봤는데 정말 단 한마디도 안 하고 스마트폰만 하다가 나갔어요. 문화충격이더라구요.

규성 아빠: 아니, 그럼 카페를 왜 들어온 거예요? 설마, 스마트폰 하러?

장성민쌤: 그렇지요. 그런데 그 아이들은 착한 아이들이었어요. 그래서 제가 여기 좋은 데 많으니까 좀 더 열심히 돌아보라고 다음날 이야기했거든요. 그랬더니 그날은 정말 피곤해서 그랬대요. 나머지 날은 잘 돌아다니더라구요.

(구) 수학여행, (현) 소규모 테마형 교육여행

우리가 흔히 알고 있는 수학여행은 더 이상 공식 명칭이 아닙니다. 현재는 '소규모 테마형 교육여행'으로 바뀌었습니다(학교 현장에서는 여전히 수학여행이라고도 부릅니다). 바뀐 명칭처럼 최근의 수학여행은 한 학년 전체가 다 같이 대규모로 움직이는 것이 아닌 A팀, B팀, C팀으로 나누어서 팀별로 갑니다. 아예 각 학급별로 한 반씩 따로따로 가기도 합니다.

팀별=효율적, 학급별=개성적

많은 학교들이 해당 학년을 팀으로 나누어 팀별로 테마를 정해 수학여행을 진행합니다. 이 경우 단체 할인을 받는 등 비용을 낮출 수 있고 학년 교육여행 담당 교사가 대표로 업무를 맡아 효율적인 진행이 가능하다는 장점이 있습니다. 하지만 그렇기 때문에 각각의 테마가 다소 비슷비슷해지는 단점이 있습니다.

학급별로 가는 경우 학생들의 희망을 반영하기가 편하고 특색 있는 소규모 활동 장소를 선택할 수 있다는 장점이 있습니다. 그러나 여행과 관련된 많은 사항을 각각의 담임 교사가 따로따로 기획하고 진행해야 하는 부담이 크고, 학급마다 한 명씩 안전 지도 교사를 추가로 배정해 줘야 하는 어려움이 있다는 것이 단점입니다.

구성원들의 선택으로 여행지를 결정한다

수학여행지를 결정하는 과정도 예전과는 좀 달라졌습니다. 예전에는 학교에서 정한 곳으로 여행을 갔다면 요즘에는 학생들과 학부모의 의견을 반영해서 여행지를 결정합니다. 제가 근무하는 학교는 학생, 학부모의 의견을 반영하여 재작년에는 제주도에, 작년에는 일본에 다녀왔습니다. 인근 여러 중고등학교 역시 제주도와 일본으로 다녀왔다고 하니 우리 지역에서 최근 가장 인기 있는 여행지는 제주도와 일본이라고 볼 수 있겠습니다. 중학교는 가까운 국내 여행지를 택한다면 고등학교는 좀 더 먼 국내 여행지나 해외 여행지를 택하는 경향성을 보입니다.

역시 비용이 만만치 않으나, 적극적으로 예산을 지원해 준다

제주도로 가는 수학여행 비용은 대략 6~70만 원대, 일본으로 가는 수학여행 비용은 대략 150만 원대로 보입니다. 가정의 비용 납부 부담을 줄이기 위해 학기 중 총 3~4회에 걸쳐 나누어서 비용이 납부됩니다.

이전보다 국가 예산을 통한 지원은 잘 되는 편입니다. 기초생활수급자를 포함하여 복지 혜택의 대상이 되는 가정이라면 여행 전후로 전

액까지는 아니더라도 일정 부분 이상의 금액을 지원받을 수 있습니다. 비용 부담 때문에 수학여행을 포기하겠다는 학생이 있을 경우 담임 교사나 담당 교사가 지원할 수 있는 방안을 최대한 알아보고 가능하면 참여할 수 있도록 돕고 있습니다.

남학생들은 동적인 활동을 선호한다

남학생들은 아무래도 정적인 곳보다는 활동적인 곳을 선호합니다. 제가 데리고 간 학생들이 가장 만족했던 곳은 카트 체험장이었습니다. 게임 속 캐릭터처럼 레이싱 카트를 운전하며 달리는 것이 스릴 있고 재미있었나 봅니다. 대형 놀이공원이나 미로 탈출 체험장도 마찬가지로 만족도가 높았습니다.

그리고 의외로 아이들이 좋아했던 곳이 있었는데 바로 해수욕장이었습니다. 가을이고 안전 문제 때문에 전혀 물놀이는 할 수 없었습니다. 기껏해야 할 수 있는 건 바닷물에 발만 담가보는 정도였는데 그럼에도 아이들은 바다 경치를 보는 것만으로도 좋아했습니다.

Q: 중학생 아들이 수학여행을 가지 않겠다고 합니다. 반별로 가는데 같은 반에 친한 친구들이 없어서 가기 싫다는데요. 단체생활인데 괜히 안 보냈다가 후회하지 않을까요?

A: 가지 않겠다는 의지가 확실하면 억지로 보내지 않아도 됩니다. 만약 가고 싶은 마음도 있는데 고민하고 있는 거라면 이 기회에 같은 반 친구들이랑 친해질 기회가 생길 수도 있거든요. 이런 점을 터놓고 대화해 보는 것도 좋을 것 같네요.

요즘에는 워낙 가족끼리 국내여행, 해외여행도 많이 다니는 것 같습니다. 그런데 여전히 수학여행을 가고 싶어 하고, 기다리는 학생들이 많았습니다. 다녀와서도 다들 재미있었다고 말했구요. 학교에서 아이들의 요구사항을 반영한 여행을 만들어 가고 있기 때문에 만족도도 높아진 게 아닐까 하는 생각도 듭니다. 이렇게 같은 나이의 친구들과 단체로 여행을 갈 기회가 흔치 않아서일 것 같기도 하구요.

청소년기에는 어디를 가느냐도 중요하지만 누구와 함께 가느냐가 더 중요한 것 같습니다. 가장 친한 친구들과 가면 좋겠지만, 조금 덜 친한 친구들과 가도 여러 활동을 함께 하며 친해지는 것을 많이 봤습니다. 아침에 기상 지도하러 방에 들어가 보면 닌텐도 스위치, 플레이스테이션 등 각종 비디오 게임기나 부루마블, 할리갈리 등 보드게임을 챙겨온 아이들이 많더라구요. 잠자기 전까지 같은 방 친구들이랑 신나게 놀다가 자는 겁니다. 그래서 담임 선생님들이 방 배정을 할 때 굉장히 신경을 많이 씁니다. 되도록 회장, 부회장 등 리더십이 있는 친구가 교우관계가 조금 서먹한 친구들을 이끌어 주는 역할을 많이 합니다.

그럼에도 불구하고 가지 않겠다는 의지가 확고하면 꼭 가지 않아도 됩니다. 같은 반에도 불참하는 친구들이 더 있을 수도 있고 같은 학년 불참자도 여러 명 나옵니다. 그 기간 동안 학교에 출석해서 대체 수업을 받게 되지만 여행이 더 불편하고 학교가 더 편할 수도 있는 거니까요. 그리고 학창시절 수학여행은 한 번만 가는 게 아니라 초중고 3번에 걸쳐서 갑니다. 한 번 정도야 안 가더라도 크게 상관없을 것 같습니다. 중학생이라면 앞으로 친구들 사귈 기회도 더 많이 있잖아요. 고등학교 때 좀 더 친한 친구들이 생기면 그때는 즐겁게 수학여행을 다녀올 수 있을 겁니다.

장성민쌤의 TIP

> 수학여행, 친구들과의 추억을 위해 보내십시오.
> 하지만 아들이 정말 원하지 않는다면, 안 보내도 됩니다.

장성민쌤의 응원 메시지

> 충분히 즐기자.
> 이걸 바탕으로 미래의 더 즐거운 여행을 만들어 보는 거야!

5.

교문 앞에 경찰차가 와 있는 날

---◆---

졸업식

잘 가요

민준이 어머니는 유튜브를 보다가 낯익은 얼굴을 보았다. 민준이 담임 선생님인 장성민쌤이었다. 민준이 종업식 때 노래를 불러주었다고 들었는데 그 영상인 것 같았다. 호기심이 생겨 클릭해 보았다. 장성민쌤이 노래를 하는 영상 아래로 설명 글이 있었다. 종업식날 아이들에게 들려주신 이야기가 쓰여 있었다.

유튜브 영상 캡처 화면. 잘 가요, 내 소중한 4반.

　자, 오늘이 드디어 종업식이네. 이제 우리 2학년 4반 마지막 시간이다. 이 시간을 위해서 선생님이 영상을 하나 준비했거든. 나름 열심히 만들어 봤는데, 일단 한 번 봅시다.

　잘 가요

　미안해 마요 이제야 난 깨달아요

　나 이제 그대 담임 아님을

　괜찮을게요 세특밖엔 팔 것 없는

　못난 날 잘 벗어났어요

　그대 행복 내가 꼭 아니라도 지킨다면

그게 사랑일 테죠 그게 나의 몫이죠

잘 가요 내 소중한 4반 행복했어요

그래도 이것만 알아줘요

지금 그 담임보다 결코 내 사랑이

부족하다거나 옅지 않음을

잊어도 돼요 나를 만난 시간들을

잠깐의 연습이라 여기며

잘한 거예요 아무리 난 노력해도

작은 희망만 줬잖아요

아주 멀리 멀리 뛰어가세요

어떡해요 자꾸 잘못한 일만 떠오르는 걸

잘 가요 내 소중한 4반 행복했어요

그래도 이것만 알아줘요

지금 그 담임보다 결코 내 사랑이

부족하다거나 옅지 않음을

어긋난 생각이 남겨놓은 기억이란

날카로운 슬픔이군요

잘 가요 내 소중한 4반 고마웠어요

그래도 이것만 알아줘요

지금 그 담임보다 결코 내 사랑이

부족하다거나 얕지 않음을

부족하다거나 얕지 않음을

박수도 쳐 주고, 잘 봐줘서 고맙다. 사실 선생님이 어릴 때부터 좋아하던 노랜데 이번에 리메이크 돼서 여러분도 알길래 불러주고 싶었어. 너무 어려운 노래라 라이브로 불러줄 수가 없어서 영상으로 찍은 거야.

선생님들이 마지막 날 이런 생각들을 많이 해. 그런데 주로 생각만 하고 말지. 이렇게 뭔가 만들려면 쉽지가 않거든. 선생님도 교실에서 누가 오나 안 오나 눈치 보면서 찍고 밤늦게까지 편집해서 만들어 온 거야.

그런데 이게 가능했던 건, 여러분한테는 꼭 해 주고 싶었어. 작년 1년이 내 개인적으로는 너무 힘든 한 해였는데, 아는 사람은 알 수도 있고 모르는 사람은 모를 수도 있겠지만 정말 힘들었어. 하지만 우리 반은, 여러분들은, 여러분 학부모님들도 다 너무 좋았어. 꼭 한 해에 한두 분 정도는 학부모님들 중에도 힘들게 하시는 분들이 있으신데 작년도 그렇고 올해도 단 한 분도 그런 분이 안 계셨어. 감사하다고 좀 전해드리렴.

선생님이 결혼한 지 10년 넘었는데 내 아내를 내가 매일 보잖아. 좀 신기한 게 10년 넘게 매일 보는데도 매일 예쁘더라고. 그런데, 여러분도 그랬어.

매일 보는데도 매일 예뻤어.

한 명 한 명이 다 예뻤어.

힘들다가도 우리 반 교실에 들어오면 힘을 얻고 그랬어.

고맙다.

다들 1년 동안 학교생활 정말 잘해줬고 올해에도 좋은 담임 선생님 만나서 꼭 좋은 결과들 내기를 바란다.

그럼 이제 한 명씩 나와서 성적표 받고 악수하고 집에 가자.

이상. 끝. 잘 가라.

밀가루와 계란이 사라지다

졸업식날 교문 앞에는 당연히 꽃집 팝업스토어(?)들이 있습니다. 그와 함께 한편에는 경찰차가 한 대 서 있습니다. 전에는 교복을 찢고 밀가루를 뿌리고 계란을 던지던 폭력적인 졸업식 문화가 있었습니다

(사실 저도 겪어보지는 못했습니다). 몇 년 전 이런 폐해가 보도된 이후로 졸업식 때 항상 경찰이 출동해 있습니다. 덕분에 눈살을 찌푸리게 하는 행위들은 이제 사라졌습니다.

가족, 친구들과 사진 촬영을 합니다

코로나 이후부터는 학교 방문이 가능해졌습니다. 그래서 예전처럼 졸업식 때 지인들이 방문하여 함께 사진을 찍을 수 있습니다. 주로 가족들, 친구들과 기념사진을 찍습니다. 선생님들과 사진을 찍고 싶다면 아이가 졸업식 전에 미리 말씀드리고 찍는 것을 추천합니다. 최근에 벌어지고 있는 불미스러운 일들로 인해 선생님들이 촬영을 원치 않는 경우가 많습니다. 그리고 졸업식 당일 3학년 담임 선생님들은 식장에 함께 있지만, 다른 선생님들은 행사를 위해 이곳저곳에 흩어져 있습니다. 그래서 담임 선생님 아닌 선생님들은 졸업식날 못 뵙고 가는 일들도 종종 발생합니다.

학부모 상담

Q: 저는 재수해서 대학에 갔는데 대학교 못 간 게 창피해서 고등학교 졸업식에 안 갔었거든요. 요즘도 그런 분위기인가요?

A: 지금은 그렇지 않습니다. 출석률 거의 100%예요.

　졸업식날 학생들에게 졸업장을 주니까 대부분 졸업장 받기 위해서 옵니다. 혹시나 그날 여러 사정 때문에 못 오는 경우도 있을 수 있죠. 그런 경우에는 따로 와서 받아 가기도 합니다. 그런데 이 남자아이들은 졸업장 하나 받자고 일부러 학교에 오는 걸 귀찮아합니다. 그래서 어쩔 수 없는 경우가 아니면 다 옵니다. 어쩌면 고등학교 친구들 보는 마지막 날일 수 있잖아요. 재수를 결정했거나 아직 합격 소식이 오지 않았거나 아예 대학 진학을 포기한 친구들도 다들 잘 참석합니다. 3년 동안 매일 오던 곳이니까요. 마지막으로 가족들, 친구들과 사진도 찍고 작별 인사 잘하구요. 학교에서의 3년을 좋은 기억으로 잘 마무리하는 것도 중요합니다.

장성민쌤의 TIP

> 참석해서 좋은 기억으로 3년의 생활을 마무리하게 해 주세요.

장성민쌤의 응원 메시지

> 선생님은 잊어버려도 괜찮아. 나는 잘 살고 있을 거다.
> 여러분들도 잘 살길 기도할게.

V.

함께하는 시간,
모두 자라고 있다

성장

1. 키 ◆ 우리 아들 빼고 다 커 보이지만

2. 친구 관계 ◆ 그럼 난 누구랑 놀아?

3. 패션 ◆ 아이폰과 에어 조던, 그리고 소속감

4. 자해 ◆ 절대, 자살하지 마라

5. 놀이 ◆ 즐거운 삶의 시작

6. 군대 ◆ 여자들이 제일 싫어하는 이야기

1.

우리 아들 빼고 다 커 보이지만

키

잘할 수 있는 일이 많은 아이

건우 어머니는 건우에 대해 걱정이 많았다. 고등학교 올라와서 성적도 좋지 않은데 특별히 잘하는 것도 없어 보였기 때문이다. 어느 날 인터넷을 검색하다가 블로그에서 건우 학교 선생님 이름을 보았다. 장성민쌤이었다. 여러 글을 읽어 보다가 문득 눈에 띄는 글을 발견했다. 건우보다 선배인 아이 이야기인 것 같았다. 글을 읽어 보니 건우에 대해서 다시 생각하게 되었다. 한결 마음이 가벼워졌다.

민재(가명)는 지각이 잦았다. 아무리 어르고 달래고 부모님께 말씀 드리고 해도 며칠이 지나면 또다시 늦게 오곤 했다. 수업 시간에도 자주 졸거나 엎드렸다. 민재는 상설 동아리 미술부원이었다. 해마다 명문 미대에 몇 명씩 합격자를 배출하는 실력자들만 모이는 동아리 소속이라는 게 조금 의아했다. 미술 선생님께 민재 그림 잘 그리냐고 물었더니, 아니라는 답이 돌아왔다. 그럼 어떻게 미술부에 들어갔냐고 묻자 다소 황당한 이유를 들려주었다. 전임 미술 선생님이 그해에 부원 모집이 잘되지 않자 말 잘 듣는 착한 아이들 몇몇에게 가서 들어오라고 했다는 거였다. 미술 실력은 전혀 따지지 않았단다. 그제야 이해가 되었다. 생각해 보니 민재는 지각했다고 청소를 시키면 묵묵히 빗자루질을 잘했다. 수업 시간에 엎드리는 걸 보고 일어나라고 말하면 인상 쓰지 않고 바로 고개를 드는 아이였다. 민재는 나에게 '무기력하지만 착한 아이'로 인식되었다.

코로나 시국의 영향과 바쁜 학교 일, 체육 수행평가 등의 이유로 담임 학급 아이들과 체육 시간에 같이 운동을 못하고 있었다. 4월, 5월이 지나서야 겨우 축구하는 아이들 틈에 한 번 낄 수 있었다. 그 아이들 중에 민재도 있었다. 경기가 시작되었다. 민재는 우리 편이었다. 공이 민재에게 가고 상대편 친구가 공을 뺏으려 덤벼들었다. 그러나 상대편 친구는 공 근처에도 가지 못했다. 민재는 몸으로 수비를 막고 공을 지켰다. 자신의 피지컬이 상대보다 우월하다는 것을 알고 이용할 줄 알았다. 그러고 보니 민재는 키가 크고 덩치도 좋은 아이였다. 책상에서 쭈그리고 있을 때는 몰랐던 사실이었다. 마치 예전 맨체스터 시티의 미드필더 야야 투레의 모습을 보는 것 같았다. 수비의 방해를 손쉽게 물리치면서 공격을 펼쳤고 골도 만들어냈다. 덕분에 우리 편이 이겼다. 교실에서 무기력한 모습은 찾아볼 수 없는, 운동장에서의 민재는 다른 사람이었다. 그날 이후 민재는 '교실에서는 무기력해도 착하고 피지컬이 좋은 아이'로 인식되었다.

고등학생이 되었는데도 어른이 돼서 무얼 해야 할지 모르겠다고 말하는 아이들이 의외로 많다. 좋은 직업을 갖고 싶지만 좋아하는 일도 없고 잘하는 일도 없다고 생각하기 때문이다. 민재도 그런 아이들 중 하나였다. 성적이 좋지 않았고 좋아하는 것도, 잘하는 것도 없다고 생각하는 듯했다. 연말이 되어 학년부 행사를 실시했다. 드라마 '오징어 게임'처럼 여러 게임을 하면서 미션을 성공하는 행사였다. 고전 오락실 게임, 제기차기, 플랭크 게임, 슬리퍼 날리기, 눈 가리고 종 치기 등 8개 교실에서 각각의 게임들이 진행되었다. 아이들이 게임에 참여하고 미션을 성공하면 종이에 미션 도장을 받아 갔다. 성공적으로 행사가 끝나고 우리 반 아이들이 교실로 돌아왔다. 미션 종이를 걷어서 수상자를 가리려는데 민재가 종이를 내며 말했다.

"선생님, 저 다 성공했어요."

민재의 미션 종이에는 8칸 모두 도장이 찍혀 있었다. 학생 300명 중에 8개를 모두 성공한 학생은 민재밖에 없었다. 전교 1등, 민재가 전교 1등이라니. 승자독식이라는 말처럼 민재는 여러 상품을 획득했다. 혼자서 다 들고 갈 수 없을 만큼 상품이 많아서 이틀 동안 나눠서 집에 들고 갔다. 그 일이 있은 후 다시 민재에 대한 인식이 바뀌었다. '무기력할 때도 있지만 착하고 피지컬도 좋고, 잘할 수 있는 일이 많은 아이'로.

요즘 남학교는

거거익선? 수많은 장점 중 하나!

남학교에서는 덩치 큰 게 최고일까요? 크면 클수록 좋을까요? 꼭 그렇지만은 않습니다. 학기 초에는 확실히 덩치 큰 아이들의 목소리가 큽니다. 큰 아이들 한둘이 반 분위기를 주도하려고 하는 모습들이 눈에 띕니다. 그러나 이런 장면이 오래가지는 않습니다. 담임교사가 면학 분위기 조성을 위해 개입하기 시작하면 단순히 덩치가 큰 것만으로는 영향력을 발휘할 수 없게 됩니다. 새 학기가 시작되고 한 달 안에 학급 회장, 부회장을 뽑는데 이들의 평균 신장은 그리 큰 편이 아닙니다. 학급 구성원(학생)들이 자신들의 리더 역할을 제일 덩치 큰 친구에게 맡기지는 않는다는 것입니다. 신체적인 요소보다 다른 여러 요소들을 복합적으로 고려하기 때문에 이런 결과로 나오게 됩니다. 그렇다면 학급 1인 1역 중 덩치 큰 아이들이 가장 많이 맡는 역할은 무엇일까요? 그렇습니다. 단연 체육부장입니다.

점점 커지고 있는 요즘 아이들?

학교나 길거리에서 교복 입은 학생들을 보면 '요즘 아이들은 키도 크다.'라고 느낄 때가 많으실 것입니다. 제가 근무하는 학교에도 정말 큰 아이들이 많습니다. 통계적으로도 이는 어느 정도 사실로 드러납니다.

<42년간 한국인 키 평균의 변화(1979년~2021년)>

	남자 키 평균(cm)								여자 키 평균(cm)							
	1979년	1986년	1992년	1997년	2004년	2010년	2015년	2021년	1979년	1986년	1992년	1997년	2004년	2010년	2015년	2021년
20~29세	167.4	167.2	169.5	171.5	173.2	173.6	173.9	174.4	155.4	155.3	158.6	159.8	160.0	160.3	160.9	161.3
30~39세	166.1	167.3	168.6	170.5	171.0	172.2	173.1	174.9	154.0	154.7	156.4	157.8	157.7	159.6	160.2	161.9
40~49세	163.9	165.8	167.1	167.9	168.6	169.2	170.3	173.2	153.1	154.7	155.2	156.7	156.1	156.7	157.0	160.5
50~59세		166.2	165.4	166.5	166.1	166.3	168.2	170.5		150.0	153.8	153.4	154.3	154.7	154.7	157.6
60~69세				164.1	164.4	164.6	165.4	168.3				151.2	151.8	152.3	152.9	155.4
평균	166.1	166.8	168.1	168.9	169.4	170.7	172.0	172.5	154.3	154.1	156.5	156.6	156.7	157.4	158.3	159.6

출처 - 산업통상자원부 국가기술표준원

1979년 이후 2021년에는 남자의 평균 신장이 6.4cm, 20대의 경우 7cm 커졌음을 확인할 수 있습니다. 40년 전에 비해서 많이 커졌습니다. 그러나 주목할 만한 통계가 있습니다.

출생 년도별 남성 평균키(cm)

연도	중1	중2	중3	고1	고2	고3	신검
86년생	154.25	161.82	167.23	170.73	172.58	173.60	173.5
87년생	154.85	162.16	167.17	171.14	172.69	173.60	173.6
88년생	155.16	162.37	167.67	171.42	172.80	173.90	173.6
89년생	155.49	162.54	167.84	171.63	173.01	173.87	173.6
90년생	155.90	163.25	168.45	171.78	173.09	173.94	173.9
91년생	156.21	163.20	168.68	172.00	173.33	173.8	173.8
92년생	156.37	164.23	169.19	171.96	173.2	173.74	173.9
93년생	158.12	164.24	169.13	171.9	173.01	173.7	173.7
94년생	158.33	164.28	169.1	171.75	173.1	173.6	173.6
95년생	158.07	164.3	168.88	171.8	172.9	173.5	173.5
96년생	157.8	164.18	168.9	171.8	172.7	173.5	173.7
97년생	157.91	164.6	168.7	171.8	172.9	173.5	173.0
98년생	158.2	164.3	169.0	172	172.9	173.5	-

출처 - 교육부 학생건강과, 병무청

이 자료를 보면 1997년생의 고3, 신검 평균 키가 1986년생의 평균 키보다 오히려 작아진 것입니다.

이를 토대로 다시 주변을 보면 분명히 키 큰 아이들도 많아졌지만 작은 아이들 역시 많다는 것을 알 수 있습니다. 일상에서 큰 아이들을 보면 확실히 눈에 많이 띕니다. 그러나 평균치인 아이들은 상대적으로 눈에 덜 띄었던 것뿐입니다.

학부모 상담

Q: 우리 아들은 키가 작은 편입니다. 요즘 아이들은 큰 아이들도 많던데 남학교에 가도 괜찮을까요? 가서 잘할까요?

A: 남학교 괜찮습니다. 키 작은 아이들도 다같이 어울리면서 잘 지냅니다. 다만, 학생 본인이 선호하는지가 중요할 것 같습니다. 중고등학교 사춘기에 남자들끼리 주로 지내는 것이 편안할지, 남녀가 같이 지내는 것이 더 편안할지 잘 생각해 보고 판단하는 것이 좋습니다.

어차피 우리 남학생들은, 아니 남자들은 대부분 키에 민감합니다. 신경 쓰지 않으려 해도 신경이 많이 쓰이는 부분이구요. 그러다 보니 자연스럽게 키 큰 사람을 동경하고 부러워하는 것 같습니다.

제가 남학교에서 편안하게 근무할 수 있는 이유 중 하나도 작지 않은 키 덕분이라는 것을 인정합니다. 하지만 저도 학창 시절에는 키가 작았기 때문에 키에 대해서는 할 말이 많습니다. 그래서인지 아이들이 키에 대해서 물어보면 이것저것 많이 이야기해 줍니다. 선생님도 어릴 때는 작았다, 그런데 고등학교 때도 크고 군대 가서도 크고 40대인 지금도 자세를 교정하니 1cm가 또 커졌다. 키 잴 때 팔굽혀펴기 10번 하면 일시적으로 최대 1cm까지 더 커진단다. 좋은 거 많이 먹고 우유도 매일 먹고 바른 자세 유지하고 팔굽혀펴기 정자세로 할 수 있게 운동해야 키 더 클 수 있는 거다. 이런 식으로 말이죠. 공부해야 된다는 말은 잘 안 들어도 이런 말은 아이들이 철석같이 잘 듣습니다.

덩크슛 한 번 할 수 있다면
내 평생 단 한 번만이라도
얼마나 짜릿한 그 기분을 느낄까
- 이승환, 〈덩크슛〉

어린 왕자, 최강 동안, 콘서트의 황제로 불리는 가수 이승환의 노래 '덩크슛'의 한 구절입니다. 가수 본인의 키가 크지 않기 때문에 나온 가사이겠지만 우리는 이승환의 키가 몇인지 궁금하지 않잖아요. 다만 어떻게 저렇게 미성으로 노래할 수 있는지, 콘서트를 어쩜 그렇게 화려하게 할 수 있는지, 어쩜 그렇게 어려 보일 수 있는지가 궁금할 뿐이죠.

결국 우리 아이들도 자신의 신체적 성장의 한계를 받아들여야 하는 때가 옵니다. 이때 자기 자신을 인정하고 잘 받아들이면 신체적 성장은 멈출지라도 다른 부분에서 더 성장할 수 있습니다. 삶의 어느 순간부터는 키가 보이지 않는 순간이 오더라구요. 그때까지 자기 장점을 더 키울 수 있도록 선생님들도 옆에서 열심히 돕고 있습니다.

아이들은 모든 순간 자라고 있습니다. 학부모님들도 노력하는 만큼 함께 자라고 있을 것입니다. 아이들도, 학부모님들도 잘하고 있습니다.

장성민쌤의 TIP

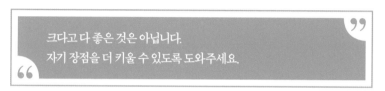

크다고 다 좋은 것은 아닙니다.
자기 장점을 더 키울 수 있도록 도와주세요.

장성민쌤의 응원 메시지

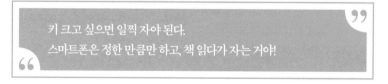

키 크고 싶으면 일찍 자야 된다.
스마트폰은 정한 만큼만 하고, 책 읽다가 자는 거야!

2.

그럼 난 누구랑 놀아?

---◆---

친구 관계

장성민쌤의 보이는 남학교!

나 혼자만 다른 반으로 가는 경우

도현이 어머니가 학년 말에 행정실에 서류를 떼기 위해 학교에 방문했다. 도현이는 2년 연속 장성민쌤 반이 되었다. 도현이 어머니는 서류를 발급받고 장성민쌤이 있는 1학년부에 가서 장성민쌤에게 인사를 했다.

도현 엄마: 선생님, 안녕하세요. 도현이 엄마예요.

장성민쌤: 네, 어머님, 안녕하세요. 운영위원회는 잘 끝나셨나요?

도현 엄마: 네, 잘 끝났어요. 선생님, 그런데 작년 1학년 2반 중에 도현이만 선생님 반 됐다고 걱정이 많아요.

장성민쌤: 네, 맞습니다. 저도 조금 걱정이 되더라구요. 반에서 어울릴 친구가 몇 명 있는 게 좋으니까요.

도현 엄마: 그러니까요. 도현이 잘하겠지요? 이런 경우가 학교에서 흔히 있나요?

장성민쌤: 네, 꽤 많이 있지요. 제가 고등학교 때도 그랬었어요. 1학년 때는 4반이었는데 저 혼자만 2학년 때 6반 됐었거든요. 처음에는 적응이 안 돼서 외로웠던 게 아직까지도 기억이 나네요.

도현 엄마: 어머, 그럼 우리 도현이 어떡하죠? 1년 내내 적응 못하는 거 아니에요?

장성민쌤: 도현이가 그럴 것 같지는 않습니다. 도현이 보면 어딘가 제 고등학교 때를 보는 것 같은데요. 저도 2학년 때 2학기 때는 부반장까지 됐었어요. 시간이 조금 걸리더라도 적응 잘 할 겁니다. 제가 명단 보니까 도현이랑 같은 중학교 나온 친구들이 있었던 것 같은데요. 잠시만요. (교무수첩을 꺼낸 후) 지후, 민재, 준후가 같은 중학교 나왔는데요. 이 친구들 도현이가 알지 않나요?

도현 엄마: 네! 지후는 중2 때 친해서 저희 집에도 왔었어요. 올해는 얘기를 별로 안 했었는데 다시 어울릴 것 같은데요? 민재랑 준후도 아는 아이들이에요.

장성민쌤: 다행이네요. 염려 안 하셔도 되겠습니다.

도현 엄마: 그런데 얘들은 자기들끼리 왜 얘기를 안 해 주는지, 참. 반 배정 나오면 서로 연락해 보고 그러지 않나요?

장성민쌤: 그날은 서로 복도에서도 막 이야기하고 난리였어요. 그런데 하루 지나니까 잊어버렸나 보네요. 이럴 땐 참 단순해서 좋아요.

요즘 남학교는

관계지향적 남학생이 많아졌다!

요즘 아이들은 친구 관계의 영향을 이전보다 더 많이 받는 느낌입니다. 상대적으로 여학생들이 남학생들보다 관계지향적이라고 알려져 있습니다. 하지만 최근의 남학생들은 관계지향적으로 느껴지는 아이들이 꽤 많습니다. 성적이랑은 크게 상관없는 것 같습니다. 우리 반에 항상 지각하는 아이가 있었는데 성적이 상위권이었습니다. 이런 경우가 흔치 않기 때문에 대체 왜 매일 늦는지를 물어보았습니다. 그랬더니 등굣길에 자전거를 타고 오는데 중간에 친구를 만나면 같이 오기 위해 내려서 걸어온다는 겁니다. 그러다 의리 있게(?) 같이 지각하는 것이었습니다. 좋게 타이르기도 하고 혼내기도 해 보았지만 1년 내내 달라지는 건 없었습니다. 관계지향적인 것도, 상위권인 성적도 변하지 않았습니다.

교사가 개입한다

아이들은 각자 성향에 따라 어울리는 모습들이 다릅니다. 열 명이 넘는 대규모 무리를 이루어서 노는 아이들도 있고 두세 명끼리만 친한 아이들도 있습니다. 대개의 경우는 친구 관계 때문에 교사가 걱정하지 않는데 조금은 걱정되는 경우들도 있습니다. 친구들과 어울리는 모습을 거의 볼 수 없는 아이들이 그 경우에 해당합니다. 이런 아이들은 항상 혼자 있고 웃는 일이 잘 없습니다. 이는 출석을 하지 않거나 자퇴 의사를 표명하는 것으로 이어질 우려도 있기 때문에 이때는 교사들이 적절하게 개입합니다.

평소에는 회장, 부회장처럼 리더십이 있는 아이들이나 또래상담반 활동을 하는 배려심이 있는 아이들을 따로 불러 이 걱정 되는 친구를 몰래 챙겨줄 것을 당부합니다. 이 아이들이 티 나지 않게 말을 걸어 준다거나 운동을 할 때 같은 팀으로 불러주는 등의 도움을 줍니다. 교외 체험활동을 나갈 때는 교사가 아예 동선을 맞춰 같이 이동할 모둠을 편성해 주기도 합니다. 이 같은 교사의 개입이 성공하면 자연스럽게 친구가 생기고 부적응 문제가 해결됩니다.

학부모 상담

Q: 저희 아들이 중학교 때까지는 친구에는 관심이 없고 오직 공부만 파고들었는데요. 이제 곧 고3인데 갑자기 친구들이랑 어울리는 데 재미를 붙여서 큰일입니다. 어떻게 해야 할까요?

A: 혹시나 성적이 떨어질까, 대학에 잘 못 가지 않을까 걱정되시겠네요. 그 마음 이해합니다. 그런데 의도적으로 친구들이랑 놀지 말라고 하는 것은 역효과일 것 같습니다. 어려우시겠지만 인내하고 지켜봐 주셔야 합니다. 아이의 사회성이 발달하고 있는 거다, 꼭 필요한 과정이다 되뇌면서 자기 할 일은 하도록 타일러 주시는 게 좋습니다.

영화 〈우아한 거짓말〉을 보면 잠자리에서 여동생이 언니에게 친구 고민을 털어놓자 언니가 말합니다. 그런 친구들이면 같이 놀지 말라구요. 그러자 잠깐 동안 말없이 있다가 동생이 묻습니다.

"그럼 난 누구랑 놀아?"

같이 놀 사람이 없다는 것. 이렇게 쓸쓸하고 애잔할 수가 없는 일입니다. 그럼 누가 나랑 같이 놀아줄까요? 배우자도 자녀도 직장 동료나 동호회 인맥도 없는 우리 아이들에게는, 친구들 밖에 없습니다. 학창 시절에 친구를 사귀는 방법을 알아간다는 것은 사회성이 발달한다는 것이고, 꼭 필요한 과정입니다. 부모님들은 사회 생활하시면서 사회성이 떨어져서 주변에 민폐 끼치는 어른들을 많이 보시잖아요. 우리 아들들이 그런 어른이 되지 않게 어릴 때 배우는 것입니다. 결코 늦은 것은 아니지요. 다만 학생은 배우고 공부하는 게 일인데 친구 사귀는 데만 올인하는 것은 자기 일을 소홀히 하는 게 맞습니다. 자기 몫의 배움은 소홀히 하지 않도록 어른들이 옆에서 일러주어야 합니다.

이 세상은 마냥 외롭지만은 않은 것 같습니다. 나랑 같이 놀아줄 좋은 사람들도 얼마든지 많이 있구요. 이런 사실을 우리 아이들도 학창 시절 여러 친구들 만나 보면서 서서히 알게 되는 게 아닐까요. 통과 의례려니 이해해 주는 단단한 마음이 필요합니다.

장성민쌤의 TIP

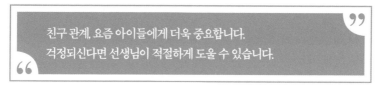

친구 관계, 요즘 아이들에게 더욱 중요합니다.
걱정되신다면 선생님이 적절하게 도울 수 있습니다.

장성민쌤의 응원 메시지

좋은 친구를 사귀고 싶다면 스스로 한번 용기를 내자.
거절당해도 괜찮아!

이런 포즈는 누구 머리에서 나온 걸까.
친구랑 함께 있으니 색다른 모습이 나온다.

3.

아이폰과 에어 조던, 그리고 소속감

패션

안 선생님! 농구…….

퇴근 후 동네 놀이터에서 중학교 교사인 이웃 우진이 어머니, 일반 직장인인 우진이 아버지와 장성민쌤이 대화를 나누고 있었다.

우진 엄마: 민종이 아빠, 요즘 고등학생들도 아이폰 많이 쓰나요?

장성민쌤: 꽤 있지요. 그런데 다 아이폰만 쓰는 건 아니고 반반 정도인 것 같아요.

우진 엄마: 저희 반 아이가요. 무조건 아이폰을 사야 된다고 고집을

부려요. 상담해 보니까 가정 형편이 많이 어렵더라구요. 애는 정말 착한 아이인데요. 절대 고집을 안 꺾어서 부모님도 난감해 하시더라구요.

장성민쌤: 아, 그렇구나. 아이폰이 더 비싼 거죠?

우진 아빠: 그렇죠. 할인이 별로 안 되니까요. 저도 이해가 잘 안 되네요. 왜 그럴까요?

장성민쌤: 왠지 어떤 마음인지 좀 알 것 같아요. 제가 농구를 하잖아요. 사실 잘하는 편은 아니거든요. 원래 운동 신경이 둔해서 고등학교 때 체력장 하면 6급 나오고 그랬었어요. 100m 달리기하면 20초 넘고 그랬었는데……. 아니, 근데 어머님, 아버님 너무 비웃으시는 거 아니에요? 몇 급 나오셨는데요?

우진 아빠: 저는 1급이요. 100m 20초 너무 놀라운데요.

우진 엄마: 저는 2급이요. 주변에서 6급 받은 사람 처음 봤어요.

장성민쌤: ……어머님, 아버님이 운동 신경이 좋으시네요……. 어쨌든 제가 운동 신경도 안 좋고 농구도 잘 못하는데 고등학교 때 농구 잘하는 애들을 보니까 다 농구화를 신고 뛰더라구요. 에어 조던 같은 거. 그래서 저도 삼수 끝나고 대학 가기 전에 농구화부터 샀어요. 제 나름대로는 좋은 걸로.

우진 엄마: 근데 아버님, 농구화가 그렇게 큰 영향을 미치나요?

장성민쌤: 맞아요, 크게 실력을 올려주지는 못하지요. 그런데 기분이 다르더라구요. 마음만은 제가 조던이 되더라구요. 같이 농구하는

사람들이 알아보니까 으쓱한 것도 있구요. 그 다음에는 농구 유니폼도 사서 입고 그랬는데 그러니까 뭔가 좀 더 있어 보이기도 하구요. 그러다 보니까 실제로 제 실력은 좀 떨어져도 잘하는 사람들이랑 어울려서 같이 뛸 수 있게 된 것 같아요.

우진 아빠: 우진 엄마 반 아이도 아이폰 쓰는 친구들 따라서 자기도 같이 사고 싶은 건가 보네요. 보급형 같은 거 사면 부담이 덜할 것 같은데, 아이폰도 보급형 있지 않나요?

우진 엄마: 아이폰 SE나 미니 같은 게 보급형인 것 같아요. 가격도 당연히 더 싸요. 저도 SE 썼거든요.

장성민쌤: 보급형이 스마트폰에도 있구나. 농구화도 보급형이 있거든요. 조던도 에어 조던1 같은 비싼 거 말고 조던 뒤에 다른 단어 붙는 보급형 신발들이 있어요. 제가 산 것도 알고 보니까 보급형이었더라구요. 그런데 괜찮았어요. 별 차이를 못 느꼈거든요. 그래서 저는 보급형 중에서도 항상 10만 원 이하로 세일하는 것만 골라서 샀어요.

우진 아빠: 근데 민종이 아빠 이렇게 농구 얘기 많이 하시는 거 처음 보네요.

우진 엄마: 농구화 사고 싶으신 거 아니에요?

장성민쌤: ……맞아요. 안 선생님, 농구화 사고 싶어요…….

요즘 남학교는

사복 착용이 증가했다

어른들 눈에는 요즘 학생들이 교복을 잘 안 입고 다니는 것처럼 보일 수 있습니다. 학교 현장은 실제로 학생들이 의복을 선택할 권리를 점점 더 존중해 주는 방향으로 흘러가고 있습니다. 이는 학생 인권 신장의 영향으로 볼 수 있으나, 어른들 입장에서는 학생들이 교복을 입지 않는 모습이 낯설게 느껴질 수도 있을 것 같습니다. 제가 근무하는 학교의 경우에도 동아리 활동을 하는 날에는 사복 등교를 허용합니다. 그러나 학년 초에는 교복이 있는데 왜 사복을 입고 등교하냐는 학부모들의 항의 전화를 받는 일이 종종 있었습니다. 그래서 '스포츠 클라이밍이나 등산부처럼 외부로 나가는 동아리들은 교복을 입고 활동하기 어려운 까닭에 운동복이 필요합니다. 그래서 처음부터 운동복을 입고 등교하는 것을 허용하게 되었고 원할 경우 교복을 입고 와도 됩니다. 실제로 동아리날 교복을 입고 등교하는 학생들도 많은 편입니다.' 이렇게 답변을 드리면 학부모님들도 어느 정도 수긍하곤 합니다.

남학생들의 운동복 사랑은 여전하다

복장 규정이 지금보다 더 엄격했던 몇 년 전까지는 생활 지도할 때 제일 불편한 게 아디다스 져지였습니다. 학교 와서는 그것 좀 입지 말라고 하는데 그렇게 말을 안 들을 수가 없었습니다. 지금도 마음대로 사복을 학교에서 입을 수 있는 것은 아니지만 여전히 우리 남학생들은 운동복을 선호합니다. 동아리날 어느 반 교실에 들어가 보면 여기가 학교인지 체대 입시 학원인지 헷갈릴 만큼 각종 추리닝의 향연이 펼쳐지기도 합니다. 하루 종일 책상에 앉아 있으니 편하고 멋진 옷 입고 마음껏 뛰고 싶다는 생각을 옷으로 드러내는 것처럼 느껴집니다.

Q: 저희 아들이 얼마 전부터 농구를 시작했는데요. 20만 원이 넘는 농구화를 사 달라고 떼를 쓰는데 한참 클 나이라 금방 작아질 것 같아서 이걸 사 주는 게 맞나 싶습니다. 어떻게 해야 할까요?

A: 아드님 전화번호 주십시오. 제가 직접 통화해서 10만 원 이하로 딱 맞는 농구화 추천해 주겠습니다.

혹시 '파노플리 효과'라고 들어보신 적 있으신가요? '소비자가 특정 제품을 소비하면서 같은 제품을 소비하는 소비자와 같은 부류라고 여기는 현상'이라고 합니다. 어린 제가 조던 농구화를 사고 싶었던 것도, 요즘 아이들이 아이폰을 사고 싶어 하는 것도 이 파노플리 효과에 해당한다고 볼 수 있습니다. 농구 잘하는 아이들, 아이폰을 쓰는 힙한(?) 아이들과 같은 부류가 되고 싶은 것이지요. 그러기 위해서 신발이나 스마트폰과 같은 패션 아이템에 대한 소비가 일어납니다. 그런 소비를 위해서 형편에 맞지 않는 높은 가격을 대가로 치러야 하기도 합니다. 이를 감당하기가 어렵다는 것을 아이들 스스로도 알지만, 그래도 갖고 싶은 마음을 어쩔 수가 없는 것 같습니다.

사실, 물건 그 자체는 중요하지 않습니다. 아이들이 갖고 싶은 것은 또래 집단 안에 속해 있다는 '소속감'입니다. 무리 속에서 안정감을 얻고 더 나은 사람이 되고 싶은 것입니다. 비싼 것만 좋아한다고, 쓸데없는 걸 사달라고 한다고 무조건 윽박지를 일은 아닙니다. 물론 다 사 줄 수가 없잖아요. 때로는 보급형을 사 줄 수도 있고, 비슷한 다른 것을 사 줄 수도 있고, 어떨 때는 아무 것도 못 사 줄 수도 있습니다. 그렇다 하더라도 소속감을 얻고 싶은 마음을, 더 나은 사람이 되고 싶은 마음을 이해해 주려는 자세가 필요합니다. 어른들이 최대한 들어주려고 노력하면 아이들이 자기 집안의 경제 사정을 알고 부모의 입장을 생각할 기회가 생깁니다. 아이들도 한걸음 물러설 준비를 하거든요. 현실적으로 자신이 택할 수 있는 방안이 무엇인지를 알고 취사선택 하는 경험을 할 수 있습니다. 이런 과정을 통해서 경제관념을 배울 수 있는 거구요. 보급형 제품을 쓴다고 보급형 인간은 아니잖아요. 우리 아이들이 남을 이해하고 나를 표현할 줄 아는 멋진 어른으로 자라길 바라는 마음은 저나 부모님이나 다 같지 않습니까. 언젠가 스스로가 이 세상에 단 하나밖에 없는 스페셜 원이라는 것을 깨닫게 될 겁니다.

이렇게 '우리 엄마가 내 농구화 때문에 고민해 주고 애써주고 있구나.' 하는 것만 알아도 반 이상 성공입니다. 나머지는 농구화 좋아하는 다른 아무 남정네한테 맡기셔도 됩니다.

조던 브랜드의 농구화 루카1, 테이텀1.
이 신발들을 신고도 나는 NBA 스타 돈치치나 테이텀이 되지 못했다.

장성민쌤의 TIP

> 소속감을 드러내는 표현입니다.
> 그 마음을 이해하고 있음을 보여줘야 합니다.

장성민쌤의 응원 메시지

> 신발 멋지다! 네가 신으니까 더 괜찮네!

4.

절대, 자살하지 마라

자해

종례 신문에 실린 에피소드 2

상담을 위해 남준 어머니가 학교에 방문했다. 교실에서 장성민쌤의
종례 신문을 발견해서 잠시 읽어 보았다.

오늘 생명존중교육 내용을 선생님이 남녀공학에서 일할 때의 이야
기로 보강합니다.

남녀공학 고등학교에서 있었던 일이다. 그곳에서 딱 1년 일했었는

데 경기도에 있는 학교였다. 고3 남자반에 들어갔는데 제일 뒷자리 문 바로 옆옆 자리에 덩치 큰 남자애가 엎드려 있었다. 첫 수업을 하는데 일어나지를 않았다. 덩치가 너무 커 보여서 나도 좀 무서워서 깨우지 못했다.

두 번째 시간에 들어갔는데 이번에는 그 아이가 일어나 있었다. 그 래서 문제 푸는 시간에 가서 물어봤다.

"넌 뭐 다른 거 하니?"

"저 피아노 쳐요, 쌤."

"그렇구나. 너무 피곤한 날은 어쩔 수 없는데 괜찮을 때는 수업 듣자."

그다음부터는 수업 시간에 엎드려 있지 않고 끝까지 수업을 잘 들었 다. 활발하고 참여도 잘하는 괜찮은 아이였다.

그 학교도 기독교 학교여서 예배 시간이 있었다. 어느 날은 이 아이 가 피아노를 치고 친구가 특송을 한다고 이야기를 들었다. 나도 예배 에 들어갔는데 이 아이가 피아노를 치는 건 처음 보았다. '잘 치긴 잘 치네.' 그런데 1절이 끝나고 간주 부분이었다. 이 아이가 간주를 어느 정도 연주하다가 갑자기 손을 떼고 피아노 밑으로 손을 내렸다. 그 학 교도 예배 시간에 우리 학교처럼 약간 시끌시끌할 때가 있었는데 그 때가 딱 그런 순간이었다. 그런데 피아노 소리가 나지 않으니까 대신 그 시끌시끌한 소음이 크게 들렸다. 그리고 그 소리가 뭔가 음악처럼 느껴졌다. 반주가 멈췄으니까 애들이 떠들다가 점점 조용해졌다. 그러다 아무 소리도 들리지 않게 되니까 이 아이가 다시 건반에 한 손을 올렸다. 그러더니 한 손으로 천천히 연주하다가 그다음에 두 손으로 막 신들린 듯이 피아노를 쳤다. 소름이 끼쳤다. '얘는 진짜 천재구나.' 그런 생각이 들었다.

해가 바뀌고 졸업식 하기 전에 복도에서 이 아이를 만났는데 대학을 붙었다고 하는 거야.

"축하해! 어디 됐니?"

"쌤! 저 버클리 음대 붙었어요!"

"와, 완전 잘됐네! 그럼 이제 미국 가는 거야? 언제 가니?"

"근데 미국은 못 갈 것 같아요."

"왜?"

"생활비 같은 게 너무 비싸서 장학금이 완전 많이 나와야 갈 수 있을 것 같아서요."

"아이고, 그렇구나……."

평소에 경제 사정이 어떤지는 몰랐었다. 장학금을 받는데도 미국 대학교에 못 간다는 게 좀 놀라웠다. 어쨌든 나는 그 학교에서 나오게 되고 우리 학교의 중학교로 오게 되었다. 그러면서 그 학교 학생들과는 대부분 연락이 끊겼었다. 그 아이도 어떻게 지내는지 1년 지나고 다른 아이한테 우연히 들었다. 같은 대학교에 또 붙었다는 소식이었다. 그런데 이번에도 결국 미국으로 가지는 못했다고 한다. 친구들은 좋은 대학 가고 잘 사는데, 그 아이는 좋은 대학 합격하고도 계속 못 가니까 참 힘들겠구나 싶었다.

그러고 나서는 시간이 얼마 정도 지났고 나도 잊고 살고 있었다. 어느 날 그 아이가 힙합 회사에 들어갔다는 소식을 SNS에서 보았다. 랩을 하는 건 몰랐는데 어쨌든 잘 됐구나 싶었다. 또 시간이 얼마 지나니까 그 아이가 엄청 많은 사람들 앞에서 랩을 하고 있고 사람들이 그걸 다 따라 부르는 모습을 보았다.

그 아이 이름이 구창모였다. 그 유명한 창모. 내가 보았던 영상이 〈마에스트로〉를 사람들이 따라부르던 영상이었다. 지금이야 너무 잘돼서 나도 차 타고 다닐 때 창모 노래 자주 듣는다.

이 이야기가 생명존중교육과 무슨 관련인가. 창모 노래 중에 〈빌었어〉라는 노래가 있다. 가사를 보면 친구들이 대학을 갈 때 자기는 한강에 가서 술을 마셨다는 게 나온다. 그때 창모가 나쁜 마음을 먹거나 했으면 지금의 이런 성공도 없었을 것이다. 나도 한 40년 넘게 살다 보니까 정말 힘들 때도 있고 죽고 싶을 때도 있었다. 삼수할 때, 이등병 때, 취업 준비할 때 등. 그럼에도 불구하고 살아 있으니까 지금 여러분한테 이런 이야기도 들려 줄 수 있는 것이다. 죽지 않고 버티고 살다 보면 언젠가 좋은 날이 온다. 지금 여러분이 열심히 하고 있는 그것이 꼭 아니더라도 다른 쪽에서 잘될 수도 있다. 아직은 잘 모르는 것이다.

그러니까 일단 버티면서 살아야 한다. 절대, 자살하지 마라.
여러분의 생명은 누구보다도 여러분이 가장 존중해 주길 바란다.

'자해', 이제 남의 일이 아니다

몇 년 전부터인가 자해하는 학생들이 늘어났습니다. 몇 년에 한 명 정도 있을까 말까 한 수준이 아니라 심심치 않게 들려오는 수준까지 늘어난 것입니다. 다음은 자해하는 아이들을 많이 대하는 상담 선생님의 말을 옮긴 것입니다.

"최근 아이들은 어른들이 생각하는 것보다 더 많이 자해를 합니다. SNS에 자해한 사진을 올리는 것이 유행한 적도 있습니다. 주로 칼로 손목이나 팔을 그어 상처를 내는 경우가 많구요. 당장 생명을 위협할 만한 상처는 아니지만('비자살성 자해') 분명히 고통스러울 수준이에요. 상처 자국은 대개 아주 얇은 수준이 아니고 금방 사라지지 않습니다. 꽤 오래 남을 수도 있어요."

왜 하는가

'아이들이 심리적인 고통에서 벗어나기 위해 신체적인 고통으로 도피한다. 예민하고 감정 조절이 어려운 시기이기 때문에 이를 진정시키기 위한 수단으로 자해를 선택하는 것이다.'

청소년 자해에 대해 연구하는 전문가들의 의견을 정리해 보면 아이들이 자해하는 이유는 위와 같습니다.

청소년기에는 논리적 사고를 통제하는 뇌 부위의 활성화에 어려움이 있어 자해를 합니다. 20대 중반이나 대학 졸업 후에는 감소한다고 하니 청소년기에 행한 자해로 인해 후유증이 남지 않도록 주의를 기울여야 합니다.

공격성이 자기에게 향한다

자해하는 학생들은 큰 스트레스로 인해 발생하는 공격성이 자기 자신을 향합니다. 이것이 자해로 이어지는 것입니다. 자해는 성적이 좋고 나쁨을 가리지 않습니다. 성적이 좋은 모범생이라고 해서 안심할 수 없는 것이 오히려 성적에 대한 스트레스가 커서 자해를 하는 경우들이 많습니다.

한 번으로 끝나지 않는다

안타깝게도 아이들의 자해는 한 차례로 끝나는 경우가 드뭅니다. 앞에서도 이야기했듯이 아이들의 자해는 비자살성 자해가 대부분이기 때문에 생명에는 지장이 없습니다. 대신에 여러 이유로 한 번 자해했던 학생이 다시 자해를 시도하는 일이 잦습니다. 처음에는 누군가 자해를 했다고 하면 대부분의 주변인들이 크게 놀라고 자해를 한 아이에게 관심을 가집니다. 하지만 시간이 지날수록 점차 자해와 관련된 기억을 잊거나 관심이 사그라들게 마련이지요. 그럴 때 어떤 계기로 불만이 생긴 아이가 스트레스를 풀거나 관심을 유도할 목적으로 다시 자해를 하는 것입니다. 더 강하게 상처를 내거나, 의도적으로 주변 사람들에게 자해할 거니 흉기를 내놓으라고 하거나, 이미 자해를 한 다음 상처를 보여주기도 합니다. 스스로에게도, 가까운 사람들에게도 고통스러운 시간이 한 번으로만 끝나지 않는 것입니다.

전문가의 도움이 필요하다!

자해와 관련해서 만큼은 전문가와 상의해야 합니다. 혼자서는 비록 베테랑 교사나 학부모라 하더라도 막상 마주했을 때 현명한 방법을 찾기가 어렵기 때문입니다. 아이가 자해를 했다는 사실을 알게 되면 가장 먼저 담임 선생님과 상의해 볼 것을 추천합니다. 아무래도 많은 아이들을 대하며 쌓인 노하우가 있고, 가장 많은 시간을 보내는 학교에서 아이가 어떠한지를 가장 잘 알고 있기 때문입니다.

학교에는 또한 가장 쉽게 만날 수 있는 전문가 중 한 명인 전문상담

교사가 있습니다. 많은 학교에 학교 상담실인 Wee Class와 이곳에서 근무하는 전문상담교사가 있습니다. 이 선생님들이 자해, 폭력 등 청소년 심리와 관련해서 학교 내에서 가장 전문적인 지식과 경험을 가지고 있기 때문에 도움을 요청할 만합니다. 학교 내에 전문상담교사가 없다면 지역교육청 내에 전문상담순회교사에게 조언을 구할 수도 있습니다.

학부모 상담

Q: 우연히 아들 친구가 자해한 흔적을 보았습니다. 착하고 공부도 잘하는 아이인데 너무 선명한 상처를 보고 정말 놀랐어요. 그 아이의 부모님은 이 사실을 전혀 모르고 있는 것 같은데요. 저와 아는 사이는 아니라서 알려야 하나 어떡하나 망설여지는데, 어떻게 해야 할까요?

A: 아드님의 친구라면 그 친구와 관련된 어른이 있을 것입니다. 학교 친구면 그 반 담임 선생님, 학원 친구면 학원 선생님께 말씀드리고 그 부모님께 조용히 알려달라고 부탁하시는 게 좋을 것 같습니다.

아이들의 자해는 남학교, 여학교를 가리지 않는 문제가 되었습니다. 우리 주변 가까운 곳에서도 일어나고 있는 거죠. 자해는 다른 이들을 해치지 않기 때문에 처벌을 받지 않습니다. 남학생들은 정적 강화(행동을 함으로써 좋은 것, 이로운 것을 얻게 되는 것)보다 부적 강화(행동을 함으로써 나쁜 것, 해로운 것을 피할 수 있게 되는 것)를 주는 것이 효과적이라고 합니다. 예를 들어, 폭력을 저질렀을 때 처벌을 받으면 이 처벌이 남학생들에게 부적 강화로 작용합니다. 그래서 효과를 볼 수 있는 것인데요. 자해는 처벌받는 것이 아니기 때문에 이런 부적 강화를 줄 수 없는 것입니다. 접근 자체가 어렵습니다.

하지만 아이가 자해를 한 것을 목격한 이상 방치하거나 못 본 척 넘어가서는 안 됩니다. 아이는 누군가의 도움이 필요한 상황입니다. 아이의 상황을 보호자에게 알려주는 것만으로도 도움이 될 수 있습니다. 물론 남의 일이기 때문에 조심스러울 수밖에 없을 겁니다. 망설여지는 게 당연합니다. 하지만 용기를 내셔야 합니다. 어머님의 작은 용기가 그 아이와 가족들에게 큰 도움이 될 수 있습니다. 여러 사람이 관심을 가지고 도와주면 조금 더 수월하게 어려움을 극복해낼 수 있게 되거든요. '아이 하나를 키우는 데는 마을 전체가 필요하다'는 말이 있지요. 어머님께서는 아이를 잘 키우기 위해 노력하는, 마을의 가장 훌륭한 일원이실 것이라 믿습니다.

장성민쌤의 TIP

> 모른 척 넘어가서는 안 됩니다.
> 조용히 전문가의 도움을 구해야 합니다.

장성민쌤의 응원 메시지

> 네가 이렇게 힘들어하는 줄 몰랐다.
> 내가 조금이라도 힘이 되어줄게. 같이 노력해 보자.

5.

즐거운 삶의 시작

놀이

게임하는 아이들을 막지 않는 이유

학교설명회가 끝나고 학부모들이 교실에 모여서 장성민쌤과 이야 기를 나누고 있다.

장성민쌤: 어머님, 아버님, 요즘 아이들 쉬는 시간이나 점심시간에 뭐 하는지 아시나요?

학부모들: 게임이요?

장성민쌤: 맞습니다. 특히 쉬는 시간에는 나갔다 올 시간이 안 되잖

아요. 거의 게임한다고 보시면 됩니다. 그러면 쉬는 시간에 공부하는 아이들은 우리 반에 몇 명이나 될까요?

학부모들: 한두 명? 두세 명?

장성민쌤: 아닙니다. 아직 학기 초반이고 1학년이잖아요. 적을 때는 대여섯 명, 많을 때는 10명 넘게 공부하고 있습니다. 10명 넘으면 절반 가까이니까, 생각보다 많지요?

학부모들: 많네요? 우리 반만 그런 건가요?

장성민쌤: 제가 보기에는 그렇습니다. 다른 반도 분위기는 비슷한데 우리 반만큼 많지는 않았거든요. 그런데 이 분위기가 학기 말까지 갈까요?

학부모들: 아유, 좀 그래야 되는데요.

장성민쌤: 그게 이상적이긴 합니다. 하지만 현실은 그렇지 않아요. 시간이 지날수록 점점 게임하는 아이들이 늘어납니다. 코로나 이후로 자연스럽게 이런 분위기가 되었는데요. 저는 일단 게임하는 아이들이 늘어나도 잔소리하지 않습니다. 왜 그럴까요?

학부모들: (의아해 하는 표정이지만 선뜻 대답하는 사람은 없다)

장성민쌤: 아이들이 게임을 통해서 친구를 사귀거든요. 지금 우리 반 학생들 여러 명 상담을 했습니다. 그중에 몇 명은 친구가 없어서 힘들다고 이야기했거든요. 제가 여러 가지로 개입해서 노력합니다. 그런데 가장 자연스럽게 이 아이들이 친해지는 계기가 바로 게임이에

요. 브롤스타즈 하는 친구들이 제일 많구요. 피파하는 친구들도 좀 있습니다. 같은 반에서 누가 브롤스타즈 한다, 피파한다 이야기하면 초대해서 같이 게임하면서 친해지는 거예요. 그걸 제가 억지로 막는 게 오히려 역효과라고 생각한 겁니다.

학부모들: 아, 그렇군요.

장성민쌤: 아이가 학교를 편안하게 느끼는 게 먼저입니다. 그래야 그다음 스텝으로 넘어갑니다. 아직 1학년 1학기니까요. '아이들 적응을 위한 도구가 게임인 거구나.' 하고 이해해 주셨으면 좋겠습니다. 그러고 나서 시험 기간 되면 스마트폰 넣어놓고 쉬는 시간, 점심시간에 열심히 공부하는 아이들도 나옵니다. 저는 그런 아이들 일부러 칭찬해 줄 거구요. 방해하는 아이들은 막아줄 겁니다. 학부모님들께서도 이런 점 이해하시고 지켜봐 주십시오. 무슨 일이 생기면 반드시 제가 연락을 드릴 겁니다. 따로 연락이 없으면, 대개는 잘하고 있는 겁니다. 무소식이 희소식인 거, 아시죠?

쉬는 시간마다 볼 수 있는 자연스러운 광경. 볼 때마다 느끼지만 재미있어 보인다.

요즘 남학교는

게임과 스포츠라는 양대 산맥!

남학생들이 노는 모습은 정말 단순 그 자체입니다. 운동장에서 축구나 농구, 혹은 원바운드(축구공 등으로 하는 놀이)를 하든지 교실에서 각자 스마트폰을 들고 게임을 합니다. 방과후나 주말에도 다르지 않습니다. 사람이 많이 모이는 잔디 구장이나 농구장에 원정을 가든지 PC방에서 롤('리그 오브 레전드'의 줄임말)이나 오버워치, 피파 온라인 같은 게임을 합니다. 게임 아니면 스포츠. 어차피 둘 중 하나입니다.

큰맘 먹고 놀 때는?

중간, 기말고사가 끝나면 일상에서 벗어나 제대로(?) 놀려고 하는 아이들도 있습니다. 그런 아이들은 영화관, 조금 더 멀리 가면 놀이공원에 갑니다. 번화가에 나가 맛있는 음식(주로 무한리필 고기)을 먹고 노래방에 가기도 합니다.

계절, 날씨를 가리지 않는다

봄, 가을에는 운동장이 빈자리 없이 아이들로 꽉 찹니다. 여름, 겨울에는 교실에서 노는 아이들이 많아집니다. 그러나 30도를 넘는 더위에도, 영하 10도를 밑도는 추위에도 공을 들고 운동장으로 향하는 아이들이 있습니다. 결코 적지 않지요. 이런 친구들의 열정은 궂은 날씨도 막을 수 없습니다. 빗물이 고여 있으면 마른 땅을 찾고, 눈이 쌓여 있으면 눈을 치우고 놉니다. 겨울날 5교시 수업에 들어갈 때는 영화에서나 볼 법한 장면을 볼 때도 있습니다. 한기 가득한 복도 끝에서 아이들이 한증막 같은 열기를 머리 위로 내뿜으며 올라옵니다. 영화 〈관상〉에서 수양대군이 등장하는 장면이 떠오릅니다. 대체 얼마나 열심히 논 걸까요. 가끔 보는 장면이지만 볼 때마다 입이 쩍 벌어집니다.

학부모 상담

Q: 중학생 아들이 친구들은 다 게임을 잘하는데 자기만 못한다고 하네요. 게임 시간을 늘려달라는데 영 내키지 않습니다. 어떻게 해야 할까요?

A: 게임을 잘하려고 따로 시간을 더 투자하는 것은 학부모 입장에서 쉽게 허락하기 어려운 일인 것 같습니다. 그렇다고 절대 안 된다고 하면 저항심만 더 커질 수 있을 것 같네요. 어머님께서 요구하실 내용을 협상 카드로 제안하시고 서로 합의점을 찾아보는 게 어떨까요?
　게임도 그렇고 스포츠도 그렇고 승부를 겨룬다는 공통점이 있습니다. 그런데 제가 아이들이 노는 걸 유심히 살펴보면 그 승부 자체가 그렇게까지 중요하지는 않아 보입니다. 누가 게임을 잘하니 누가 축구를 농구를 잘하니 물어봐도 모두들 자기가 제일 잘한다고 큰소리를 칩니다. 실제 실력은 약간의 차이가 있을지도 모르겠네요. 그러나 실력 차이가 극명하게 나는 친구들은 애초에 같은 그룹에서 놀지 않습니다. 서로 비슷비슷한 녀석들끼리 어울려서 같이 놀거든요. 그게 게임이 됐든 농구가 됐든 축구가 됐든 어쨌든, 단지 함께 어울린다는 사실 자체로 즐거워 보입니다. 아무리 재미있는 게임이든 스포츠든 혼자 하는 것보다 여럿이 하는 게 더 재미있잖아요. 결국 같이 놀 수 있다는 게 제일 재미있는 것입니다.

그렇게 중고등학교 때 친구들과 놀던 즐거움은 성인이 된 이후의 즐거움과는 결이 다릅니다. 10대를 벗어난 이후의 놀이는 이상하리만큼 이전의 느낌이 살지 않는 것 같습니다.

"어릴 땐 말이야. 친구들이랑 뭘 하고 놀아도 재밌었어. 시간 가는 줄 몰랐어. 죽기 전에 꼭 한 번 다시 느끼고 싶었어. 관중석에 앉아서는 절대로 느낄 수 없는 그 기분을 말이야."

드라마 〈오징어게임〉의 인물 '오일남'을 통해서도 저는 공감할 수 있었는데요. 게임의 제작자임을 숨기고 백발의 노구를 이끌고라도 직접 참가해서 느끼고 싶은 그때의 그 기분. 놀고 싶은 마음, 즐겁고 놀고 싶다는 그 마음은 수십 년의 시간도 가뿐히 뛰어넘어 버리는 것 같습니다. 어쩌면 평생 즐길 놀이거리는 그때부터 이미 남자아이들의 세포 속으로 서서히 스며들어 가고 있는 것인지도 모릅니다.

학교 건물에서 내려다보면 이렇게 축구하며 노는 아이들이 보인다.
나도 모르게 멈춰서서 쳐다보고 있게 된다.

장성민쌤의 TIP

> 놀이, 즐거운 삶의 시작입니다.
> 자기 할 일을 다하면 적당히 놀 수 있게 도와주세요.

장성민쌤의 응원 메시지

> 선생님도 노는 게 제일 좋아. 할 거 먼저 다 해 놓고, 놀자!

6.

여자들이 제일 싫어하는 이야기

군대

군대에서 귀신 본 이야기

선우 어머니는 인터넷을 검색하다가 블로그에서 장성민쌤의 글을 발견했다. 수업 중에 들려주는 이야기인 것 같았다. 글을 읽어 보니 남학교 국어 수업 분위기가 어떤지 알게 되었다.

재미있는 이야기해 달라고? 좋아. 오늘은 선생님이 재미있는 이야기 하나 해 줄게. 먼저 질문. 여자들이 제일 싫어하는 이야기가 있어. 뭔지 아니? 맞아. 아는 사람들이 있네. 군대에서 축구 한 이야기야. 오늘은 선생님이 군대에서 축구한 거는 아니고, 군대에서 귀신 본 이야기를 들려주겠다.

선생님이 있던 부대는 산 중턱에 있었어. 여러 종류의 귀신 목격담이 전해졌었지. 기름 창고에서 몰래 기름 빼돌리다 들켜서 자살했다는 주유고 귀신, 여자 친구가 고무신 거꾸로 신어서 투신자살했다는 뒷산 귀신 등등. 그중에서 실제로 선생님이 직접 봤던 귀신이 있었지.

선생님 고등학교 친구가 같은 내무실 병장이었단 얘기했었나? 그 친구랑 밤에 사수, 부사수로 초병도 나가고 그랬거든. 초병이 뭐냐고? 쉬운 말로 보초병이지. 자다 말고 일어나서 정문 같은 위병소로 나가서 한 시간 동안 보초를 서면서 지키는 거야. 나가면 한 시간 동안 아무도 없는 곳에서 둘만 서 있는 거잖아. 평소에는 다른 사람들이 보니까 내가 친구한테 존댓말을 했는데 그렇게 둘이 있을 때는 편하게 반말을 했었어. 고등학교 때부터 친군데 저 멀리 낯선 군대에서 만났으니 할 말이 얼마나 많았겠니. 그렇게 둘이 초병 나가면 얘기하느라 한 시간이 그냥 훌쩍 갔어.

그러다가 어느 날 밤늦은 시간에 또 둘이 보초를 서게 됐었어. 그날은 막사 밖으로 걸어 나가는데 다른 날이랑 공기가 좀 다르더라고. 어두운 건 똑같았어. 어차피 플래시 불빛 아니면 아무것도 안 보이니까. 그런데 어둡기도 정말 어두운데, 뭔가 좀 스산하다고 할까……. 그런 날이었지. 사실 잠도 덜 깼었고 그러거나 말거나 별생각 없이 앞번 초병이랑 교대를 하고 초소 안으로 들어갔어. 선생님은 부대 안쪽 방향을 감시하고 친구는 부대 바깥 방향을 감시하는 역할이었어. 서로 다른 데 보면서도 계속 이 얘기 저 얘기 하고 있었는데 시간이 얼마나 지났는지 몰랐거든? 그런데 저 앞 막사 쪽에 가로등 쪽으로 사람 세 명이 걸어오더라고.

셋 다 총을 메고 있고 가운데 사람은 두세 발 앞서 있는 거 보니까 뒷번 초병들인 것 같았어. 가로등 아래로 오니까 세 명이 멜빵을 아래로 늘어뜨린 모습까지 선명히 보이는 거야. 그래서 선생님은 교대할 시간이 됐나 보다 하고 그냥 친구랑 계속 이야기를 하고 있었어. 점점 그림자가 가까이 다가오고 있었지. 가로등부터 초소 사이 중간 지점까지 왔는데 세 명이 갑자기 일렬로 서더니 스르르 왼쪽으로 들어가는 거야. 거기는 면회실이 있는 자리였거든. 그날이 무슨 요일인지는 잘 기억이 안 나는데 암튼 면회실 쪽으로 가는 걸 보고 면회실에 누가 뭘 놓고 간 건가 생각했어. 그런데 이상하잖아. 뭘 놓고 갔어도 아침에 찾으면 되지 군이 왜 그 밤중에 거기를 가? 이상해서 계속 쳐다보고 있었는데 셋이 나오지를 않더라고. 선생님이 차고 있던 시계를 보니까 아직 교대할 시간도 한참 남았어. 너무 이상한 거야. 선생님이 그러고 있으니까 친구랑 하던 얘기도 잠깐 끊겼었어. 친구도 조금 이상했나 봐. 여태 한 번도 그런 적이 없었거든. 그런데 친구가 갑자기 물어보는 거야.

"너 우리 부대에서 귀신 본 적 있어?"

"웬 귀신? 본 적 없는데?"

했더니 친구가 귀신 애기를 해 주는 거야. 주유고 귀신, 뒷산 귀신 말고 뒷번초 귀신이란 게 있대.

처음에는 뒷번 초병인 것처럼 셋이 내려온대. 겨울에 셋이 멜빵을 늘어뜨리고 오다가 중간에 잠깐 멈춘대. 그리고 셋이 일렬로 서서 면회실 쪽으로 사라진다는 거야. 그러고는 다시 나타나지 않는대. 나중에 진짜 뒷번초는 따로 나타난다고 하더라고.

등줄기에 소름이 쫙 끼쳤어. 소리를 질렀지.

"야! 나 지금 그거 봤어!"

무서웠을까? 아니, 무섭기보다는 너무 짜증이 났어. 내가 왜 군대까지 와서 귀신 봐야 하는 거야. 너무 기분이 나쁘더라고.

선생님은 언짢아하고 있었는데 친구는 깔깔 웃고 있었지. 그러다 한 번 더 가로등 쪽에서 사람 세 명이 나타났어. 시간이 다 돼서 이제 진짜 뒷번초가 내려오는 거였어. 아까랑 내려오는 모습은 정말 똑같았어. 세 명이 한 줄로 서서 총 메고 멜빵끈 내린 것까지. 그런데 다른 게 있더라. 이번에는 소리가 나더라고. 뚜벅뚜벅 전투화 소리, 덜컥덜컥 총이랑 수통 흔들리는 소리. 가까이 올수록 점점 크게 들려. 분명히 아까는 없었는데 말이지.

이상 없었냐고 묻길래 나는 그렇다고 하려고 했어. 그런데 친구가

성민이 뒷번초 귀신 봤다고 호들갑을 떨었지. 교대장이 축하한다고 하고 나머지 둘도 좋았겠다고 놀리는데, 기분이 영 엉망이었어. 그래도 올라와서는 아무렇지도 않게 잠도 잘 자고 그랬지.

어때, 좀 소름 돋았니? 별로 안 무서웠어? 그래, 별거 아니야, 그냥 기분만 조금 나쁠 뿐이지. 너희들도 한 3년 후면 겪을 수 있는 일이야. 그게 더 무섭다고? 그렇지.

아까 선생님이 재미있는 이야기해 준다고 했잖아? 선생님은 이런 이야기가 정말 재미있거든. 그런데 선생님만 재미있는 거 아니냐고? 그래서 '선생님에게 재미있는' 이야기, 해 준 거잖아. 너희들은 '여러분에게 재미있는' 이야기로 받아들였나 보네. 둘 다 틀린 해석은 아니지. 그런데 이런 문장 어디서 본 거 같지 않니? 지난 시간에 배운 '중의적 표현'이잖아. 기억나지? 수업 시간에 이만큼 길게 이야기해 주는 건 다 이유가 있는 거야. 자, 이제 책 펴 보자.

대한민국 남자라는 공통 요소가 있다

남학생들은 대체적으로 군대 이야기 듣는 것을 좋아합니다. 막상 군대 가야 한다고 하면 싫어하면서도 선생님들이 들려주는 이야기는 좋아하는 것입니다. 이미 남중, 남고를 다니며 남초 사회(?)에 익숙해진 아이들이어서 공대, 군대에 대한 거부감도 적은 편입니다. 자신과 비슷한 사람들이 모여 있는 집단으로 인식해서 일종의 공감대가 형성되는 것입니다.

조금이라도 수업을 안 들을 수 있다면 좋다

아이들은 어쨌든 조금이라도 수업을 안 하면 좋아합니다. 선생님들은 그것도 다 계산해서 수업의 일부로 계획합니다. 듣는 입장에서 편하게 듣고, 배우는 건 다 배워가기 때문에 효과도 더 좋습니다. 군대 이야기가 수업이라고 어떤 학생이 생각할 수 있을까요. 하지만 그것도 철저히 계산된 수업의 일부입니다. 그리고 다가올 미래를 한 번 생각해 보고 대비할 수 있는 시간이 됩니다.

Q: 우리 아들은 이제 중학교 들어가는데요. 우리 아들도 나중에 군대를 갈까요? 그때 되면 안 가지 않을까요?

A: 저도 어릴 때 어머니들이 그러셨는데요. 2년 720일 꽉 채워서 다

녀왔습니다. 기대가 크면 실망도 크잖아요. 지금부터 각오하시는 게 낫습니다.

제 생각에 군대는 재수와 공통점이 많은 것 같습니다. 정신적으로나 육체적으로도 힘들다는 점, 지나고 나면 얻는 것이 많았다는 점 등이 비슷한 것 같아요. 하지만 가장 큰 공통점은 '우리 아이들은 안 겪었으면 좋겠다.'라는 것입니다. 피할 수 있으면 피했으면 좋겠습니다. 그렇지만 군대는 피하면 큰일 나잖아요. 피할 수 없으니 버텨야 합니다. 어쨌든 시간은 가고 끝은 다가오니까요. 끝나면 돌아오잖아요. 무사히 잘 돌아오길 기다려줘야 할 것 같습니다. 잘 기다리는 방법을 고민해 보는 게 어떨까요?

장성민쌤의 TIP

간다고 생각하는 게 마음 편합니다.
피할 수 없으니 버텨야 합니다.

장성민쌤의 응원 메시지

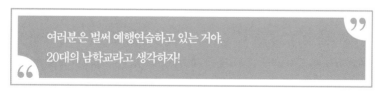

여러분은 벌써 예행연습하고 있는 거야.
20대의 남학교라고 생각하자!

※ **가정통신문**

2024학년도 1학기 1,2,3학년 학생과 학부모 사이
소통방법 안내

학부모님의 가정에 주님의 은총이 항상 가득하길 기원합니다.
학생들의 학교생활과 대학진학에 관하여 학부모님들께서 많은 궁금증을 가지시리라 생각합니다. 따라서 본 교사는 학부모님의 이러한 궁금증들을 해소해 드리고, 아울러 학부모님들과 더 나은 교육을 실시하고자 다음과 같이 학생과 학부모 사이 소통방법에 대해 안내하고자 합니다. 학교 교육에 적극적인 관심을 보여주시는 학부모님들께 감사드립니다.

"우리 아들은 집에서 말을 안 해요."

학부모 상담을 할 때 어머님 혹은 아버님들이 가장 많이 하시는 말씀입니다. 학교에서는 시끌시끌한 학생들인데 왜 집에 돌아가면 말을 안 할까요? 우리 아이만 이상한 걸까요? 절대 그렇지 않습니다. 거의 대부분의 남학생들이 비슷한 모습을 보입니다. 다만 집에서 말수가 줄어드는 이유는 단지 **흥미로운 주제를 공유할 사람이 없기 때문**입니다. 골프 좋아하시는 분께 우리 동네에 새로 생긴 스크린 골프장 이야기를 꺼내보면 어떨까요? 커피 좋아하시는 분께 카페 이야기를 꺼내보는 것은 어떨까요? 대개는 신나서 이야기를 주고받게 될 것입니다. 이는 우리 학생들도 마찬가지입니다.

대개 학생들과 소통을 시도할 때 가장 안 좋은 질문은 이것입니다.

"오늘 학교에서 뭐 했어?"

돌아오는 답은 십중팔구 "수업 들었지."일 것입니다. 대화 좀 해 보려고 하는데 왜 이렇게 성의 없이 대답할까요? 그렇다면 입장을 한 번 바꿔놓고 생각해 봅시다. 거꾸로 누군가 여러분께 묻습니다.

"오늘 직장에서 뭐 했어?"

"오늘 집에서 뭐 했어?"

이런 질문에 대한 답은 아마도

"일하지 뭐해."

"집안일 하지 뭐해."

가 아닐까요? 회사 다니는 게 얼마나 힘든 줄 아냐, 집안일은 아무리 해도 티가 안 나는 거 아냐 하는 날 선 말들이 뒤따라올 것만 같습니다. 적어도 우리 아들들은 학교 다니는 거 얼마나 힘든 건지 아냐고 하지는 않을 텐데 말입니다.

그렇다면 어떻게, 뭐라고 말을 꺼내야 할까요? 저는 **좀 더 구체적인 내용으로 질문할 것**을 권합니다. 우리 아들들은 하루 중 가장 많은 시간을 보내는 곳은 학교이기 때문에 '**요즘 학교**'와 **연관된 지식**을 바탕으로 질문 내용을 구성해야 합니다. 골프와 관련하여 스크린 골프장을 언급하고, 커피와 관련하여 카페를 언급하는 것과 마찬가지입니다.

이렇게 남학생들과의 조금 더 나은 대화의 시작을 위해 앞서 나온 이 책의 내용들을 활용할 수 있습니다. 예를 들어 본다면 아래와 같은 질문들이 나올 수 있습니다.

"요즘은 한 반에 몇 명이야? 30명 넘니?"

"이제 수능 국어 시험을 언어영역이라고 안 하니? 듣기 평가는 보니?"

"너희 두발 자유화됐니? 파마하고 다니는 애들도 있어?"

이런 질문을 받으면 듣는 사람은 요즘 학교와 학생들에 대해서 묻는 사람보다 더 많이 아는 입장이기 때문에 즉각 답을 할 수 있습니다. 오늘 뭐 했는지 애매모호한 기억을 굳이 다시 꺼내기 위해 애써야 할 필요가 없는 것입니다. 대답하기가 훨씬 쉬워지는 거지요. 학생 자신이 관심 있는 분야라면 부연 설명하는 말들이 더 따라올 수도 있습니다. 이후에는 대화를 이어나가기도 더 수월해집니다.

"우리 때는 40명 넘었는데 많이 줄었구나. 그만큼 교실 공간은 넉넉

해졌니? 좁지는 않아?"

"이제 국어영역으로 이름이 바뀌었구나. 그럼 듣기는 영어에서만 보니?"

"남자애들도 파마하고 다니는구나. 우리 아들도 파마해 보고 싶어?"

이런 식으로 대회가 더 이어질 수 있게 됩니다. 이때, 주의할 사항이 있습니다.

라떼 타임 금지. 잔소리 금지.

빨리 아이들이 변화하길 바라는 마음에 가르치려고 들어서는 안 됩니다. 가르치려고 드는 사람은 상대방에게 좋은 인상을 주기 어렵습니다. 어른 세대의 이야기를 절대 하지 말라는 말이 아닙니다. 소개팅하는 남녀가 처음 만났을 때 서로 이것저것 이야기하면서 공통점을 찾고 접점을 잡아나가는 것처럼 어른들도 아이들과의 접점을 잡는 것이 중요합니다. 교실에서 공부하고 대학을 가기 위해 수능이나 학력고사를 보았으며, 헤어스타일에 관심이 많았던 10대를 보냈다는 사실은 어른들과 아이들이 다 같이 공감할 수 있는 부분입니다. 이렇게 접점이 있음을 통해 서로 공감하며 마음을 표현하는 것이 소통인데 갑자기 무언가 다른 것이 끼어들면 장애가 생기게 됩니다. 세상이 정말 많이 좋아진 거다, 고마운 줄 알아야 한다는 식으로 가르침이나 교훈을 전하려고 하면 듣는 사람은 그저 잔소리로 인식하게 됩니다.

잔소리하는 사람과 오래 이야기하고 싶은 사람은 없습니다.

　남학생들은 특히 대부분의 어른들을 꼰대로 인식하기가 쉽습니다. 하지만 그들 나름대로 적당히 말을 섞을 만한 꼰대와 말 섞으면 안 되는 꽉 막힌 꼰대를 구분합니다. 이 글을 읽는 어른들의 목표는 당연히 전자가 되어야 합니다. '나 때는 이렇게 어렵고 열악했는데 너희가 뭐가 힘드냐.' 하는 잔소리가 아닌 '이 부분이 우리는 이랬는데 지금은 이렇게 달라졌구나. 그런 부분에서 힘든 점이 있겠다.' 하는 **이해**와 **수용**으로 나아가야 합니다. 어른들이 일관되게 이해하고 수용하면서 더 나아가 우리 아이들을 지원해 주고 도와주려는 자세를 유지한다면, 그런 마음가짐으로 소통하고자 한다면 꽉 닫힌 아이들의 말문도, 마음 문도 점차 열리기 시작할 것입니다. 이와 같은 사항들 유념하시어 부디 학생과 학부모 사이에 원활한 소통이 이루어지기를 주님의 이름으로 기도하겠습니다.